しずおか釣り旅のススメ

三浦 愛

静岡新聞社

Tsulino

はじめに

こんにちは！

静岡県で釣りの振興活動をしている三浦愛です。

出身は海なし県の埼玉ですが、釣りの魅力にとりつかれ、

広くて深い海のある静岡県へ移住してきました。

普段は焼津で初心者向けの船釣り教室を開くなど、

イベントやSNSを通じて釣りの魅力を発信しています。

大自然とふれあいながら、魚を待つワクワク感を味わえるのが釣りの面白さ。

時には小さな子どもが大物を掛けるようなサプライズにも出合えます。

東西に長い静岡は、日本一深い駿河湾をはじめ、サーフや渓流、磯など、

さまざまなフィールドがあって、釣りを満喫するにはうってつけ。

富士山が眺められるスポットもたくさんあってロケーションは最高です。

この本では、そんな静岡県で体験できる釣りの魅力をたっぷり詰め込みました。

初心者でも楽しめるものから、ちょっとマニアックなご当地釣法まで、

私自身が体験した模様をお伝えしています。

さらに、釣りの後に立ち寄りたいお店や、

釣った魚を味わえるスポット＆レシピもたっぷり紹介。

本書を片手に、静岡県の豊かな自然と

おいしい魚を釣って味わう「釣り旅」を楽しんでいただけたら幸いです。

それでは、釣り竿を持って早速おでかけしましょう♪

CONTENTS

東部
EASTERN AREA

伊豆
IZU AREA

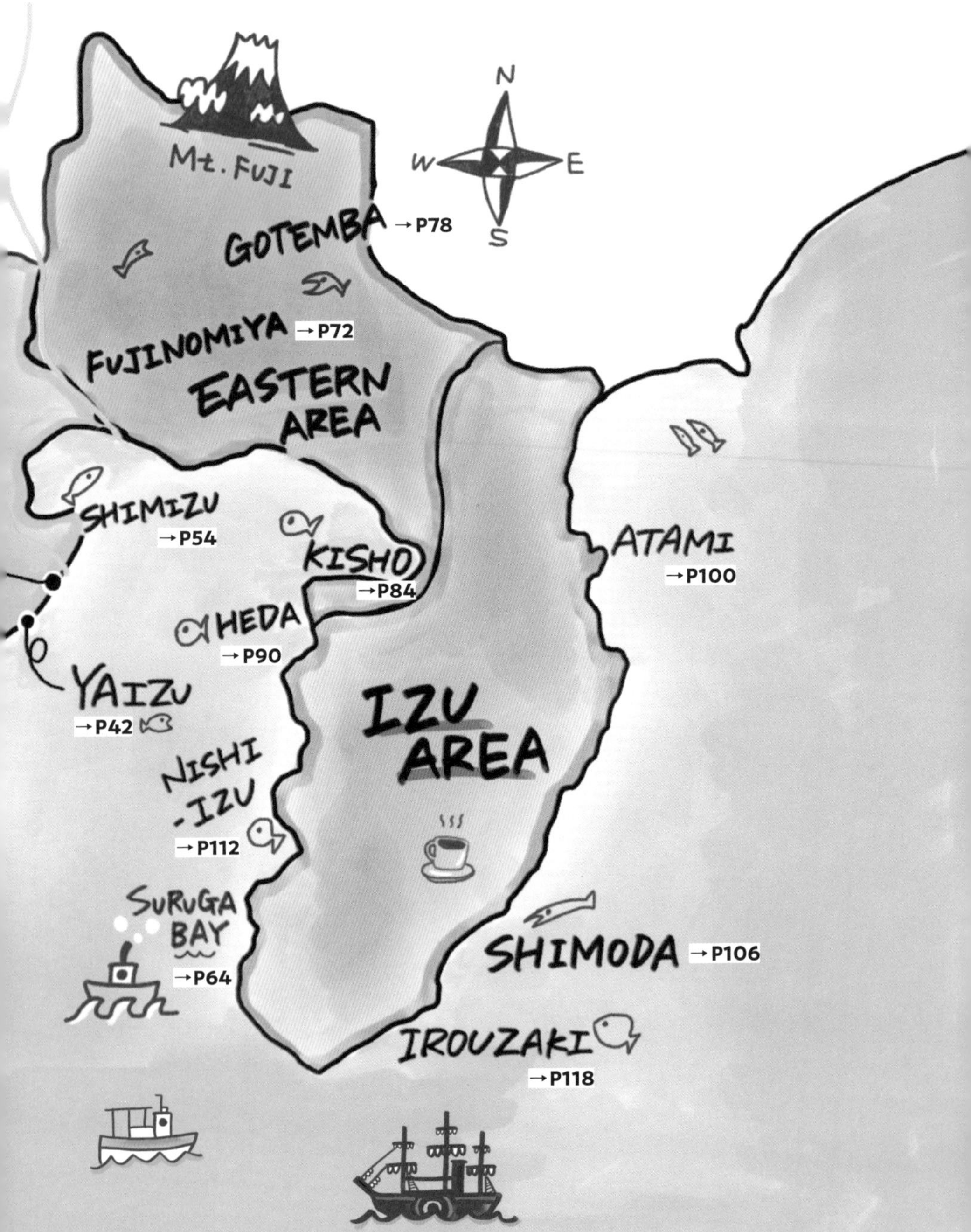

Mt. FUJI
N
W
E
S
GOTEMBA →P78
FUJINOMIYA →P72
EASTERN AREA
SHIMIZU
→P54
KISHO
→P84
HEDA
→P90
YAIZU
→P42
NISHI-IZU
→P112
SURUGA BAY
→P64
IZU AREA
ATAMI
→P100
SHIMODA →P106
IROUZAKI
→P118

FISHING MAP in SHIZUOKA

釣り旅の持ち物

必要な道具は狙う魚によってさまざま。ここでは基本的な持ち物を紹介します。

□ 釣り竿・リール

釣り場の汚れも
洗い流せる

□ 水汲みバケツ

□ ライフジャケット

魚を水中で
活かせる!

□ ストリンガー

□ ラインカッター

□ タモ

血抜きに
使える

□ ナイフ

□ 針外し

糸を切ったり
ハリを外したり

□ プライヤー

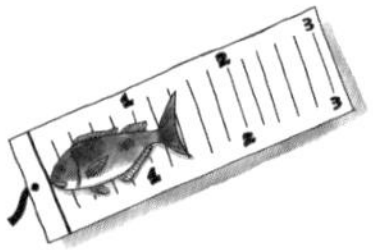

□ メジャー

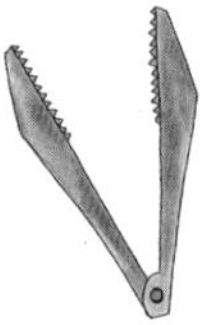
魚に触らず
持ち上げられる

□ 魚つかみバサミ

魚の下アゴを
つかむ

□ フィッシュグリップ

夜釣りの場合

□ ヘッドライト

凍らせた
ペットボトルでも
OK!

□ 保冷剤

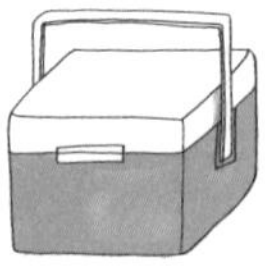

□ クーラー

その他
□タオル　□ビニール袋　□ウェットティッシュ　□日焼け止め
□虫よけスプレー　□使い捨てカイロ　□折り畳みイス　□食べ物
□飲み物　□カメラ/スマホ

● エサ釣りの場合

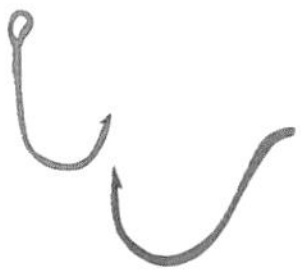

□ ハリ

□ ハリス（仕掛け糸）

3個以上は
持っていこう

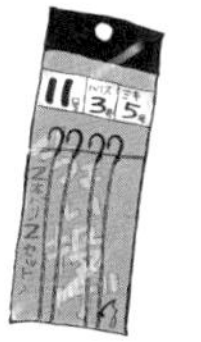

□ 出来合いの仕掛け

海水で
解凍

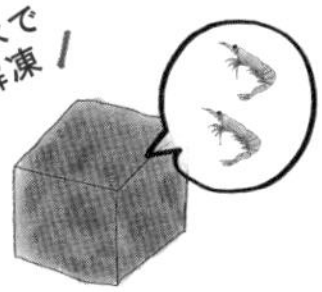

□ エサ（アミエビブロック）

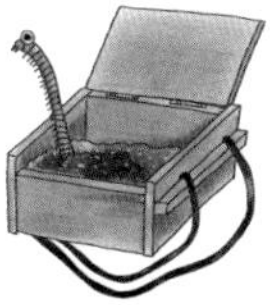

□ エサ箱

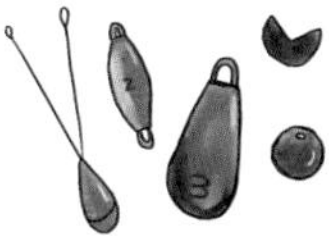

□ オモリ

● ルアー釣りの場合

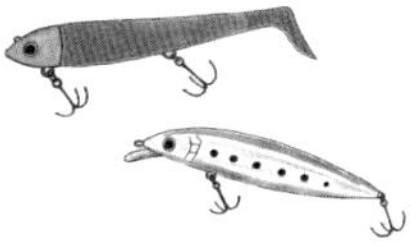

□ ルアー

ルアーと
リーダーをつなぐ

□ スナップ

PEラインにつなぐ

□ ショックリーダー

● 野外料理器具

米炊きから
揚げ物まで！

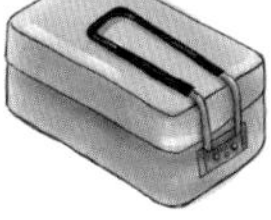

□ メスティン

□ シエラカップ

□ シングルバーナー

その他
□カトラリー　□トング　□ローテーブル　□調味料　□コップ
□キッチンペーパー　□ゴミ袋

※料理器具はバーベキュー場など、調理OKの場所で使いましょう！

釣り旅の服装

釣りの服装はフィールドによって変わります。
日差しや寒さへの対策も忘れずに！

● 堤防・管理釣り場

濡れたり汚れたりしてもOKな服装が基本。ライフジャケットも必ず着用します。腰巻きの自動膨張型がコンパクトで便利ですが、小さな子の場合は、より安全性の高いベルト付きのフローティングベストを着用してください。

春・秋／風が吹くと意外と寒いので、ウインドブレーカーも用意しましょう。

夏／暑くても長袖（またはラッシュガード）や指なしタイプの手袋で日差しから肌をガード。照り返しが強いので偏光グラスで目を守るのも大切です。キャップをかぶる時は首の後ろの日焼け止めを忘れずに。

冬／暖かいインナーにパーカー、厚手のウインドブレーカーを着こんで寒さに備えます。それでも冷える時はカイロをおなかと背中、足の裏に貼り付けるのもオススメ。

● 船

救命具は桜マーク付き（国交省認定品）のライフジャケットを使用してください。

冬・春／上着は防水加工されているレインウェアかスノーウェアを身に付けます。中はインナーを重ね着して、首回りもネックウォーマーで防寒対策。靴の入り口はズボンの中に入れて、水が入ってこないようにします。

夏・秋／ラッシュガードを着て、その上にTシャツを着ます。日焼け止めは塗り直しができるスプレータイプがオススメです。

● サーフ

波打ち際での釣りなのでウェーダーは必須。波が足元まで来ても大丈夫なように、チェストハイ（胸まで覆う）タイプがオススメです。浜辺はトゲのある生き物もいるので、すり足で動きます。

ゲームベスト（フローティングベスト）はポケットがたくさんあるので、ルアーボックスやフィッシュグリップなど必要なものが収納でき、ロッド片手に快適な釣行ができます。

● 渓流

動きやすさを重視し、渓流ベストに必要なアイテムを収納するのがオススメ。ランディングネットはマグネットリリーサーでベストにつなぎます。濡れることも多いので、ウェーダーやウェーディングシューズを着用。虫に刺されないよう肌を出すのは控えます。なお、渓流釣りの場合は、ほとんどのエリアで遊漁券が必要となります。事前に販売店やネットで購入し、胸の上など見える場所に付けておきましょう。

● 磯

磯は足場が悪いので、スパイクシューズは必須。膨張式の救命具は尖った岩で破れてしまうので、「磯用のフローティングベスト」タイプのものを身に付けます。岩でケガしないよう、フィッシンググローブで手も守ります。磯は日陰がないので、帽子や日焼け止めなども用意。磯ブヨ（ヌカカ）に刺されないよう、夏でも極力、肌の露出は控えます。冬はウインドブレーカーもお忘れなく。

守りたい釣りのルールとマナー

・ゴミはポイ捨てせず家に持ち帰りましょう
・車は決められた場所に止めましょう
・転落のおそれがある場所はライフジャケットを必ず着用！
・漁港に停まっている釣り船を傷つけないように気を付けて
・人が多い堤防などでは隣の人と間隔を開け、一声かけてから始めよう
・キャストする時は後ろに人がいないか確認！
・コマセなどで釣り場が汚れたら、水できれいに流して帰りましょう
・風が強い、波が高い時など、悪天候時は釣りを控えましょう
・海で危険なトラブルがあったときは 118 へ通報を！

データの見方

☎ = 電話番号
㊮ = 施設の営業時間
（LO =ラストオーダー）
㊡ = 定休日
㊎ = 料金
（駐） = 駐車料

アイコンの見方

= 飲食店
= 釣り場
= 体験施設
市場など
= 温泉

情報は 2023 年 4 月現在のものです。定休日、営業時間、価格等は変更になる場合があります。新型コロナウイルス感染拡大防止のため、施設によっては一部、現在休止中のサービスもあります。お出かけの際は事前にお問い合わせください。価格は税込表記を基本としています。

西部

western area

魚の宝庫・浜名湖に、どこまでも続く遠州サーフ。
開放的な雰囲気で味わう、魚料理は格別です。

(1) 浜名湖 | タイプ／堤防 | レベル／初級

初心者にオススメ大漁！サビキ釣り

浜名湖にある新居弁天海釣公園は、園内に売店があってビギナーにもぴったりの釣りスポット。隣接する海湖館を利用すれば、釣りたての魚をすぐに味わうこともできますよ！

新居弁天海釣公園

海に突き出たT字型の堤防は5カ所。トイレやベンチのほか、児童用遊具もあってファミリーフィッシングにもうってつけ。夏にはクロダイやタコなど、浜名湖ならではの魚を狙う人も多い。

湖西市新居町新居 3288-101 付近
㊔24 時間　㊡なし　駐 400 円

＼今日も釣るぞ～／

狙うはアジ！

釣り場は駐車場の目の前。荷物の運び込みもラクチンです

釣具店や食堂、ＢＢＱ場もある！

静岡県西部で釣りをするなら、浜名湖は外せません。中でも新居弁天海釣公園は駐車場やトイレが整備されていて、ビギナーの方にもオススメです。湖に突き出たＴ字型の堤防は足場がよく、開放的な表浜名湖の景色も最高です。

園内には釣具の販売やレンタルを行う「今切ショップ」があるから、忘れ物をしてしまった時も安心。お店の前にある自動販売機ではアミエビなどのエサも買えちゃいます。しかも、隣接する海湖館にはバーベキュー場もあるから、釣った魚でアウトドア料理を楽しむのにぴったり。体験イベントが開かれている時は、館内の「きらく市」で釣った魚を調理してくれるサービスもあるんです。

梅雨前になり、水温が上がってくると本格的な釣りシーズンがスタート。遠州灘からやってくるアジやサバ、イワシなどが釣り場の周囲に回遊し始めます。今回はこれらの魚が簡単に釣れてしまう「サビキ釣り」を紹介します！

コマセで魚をおびき寄せる

サビキ釣りは「コマセ」と呼ばれる撒き餌で魚の群れをおびき寄せ、仕掛けのハリに引っ掛ける釣り方です。エサを直接ハリに付ける必要はなく、撒き餌も「コマセカゴ」と呼ばれるカゴにエサを入れて水中で振るだけだから簡単。小さな子どもの釣りデビューにもぴったりです。

サビキ仕掛けには大きく分けて、コマセ

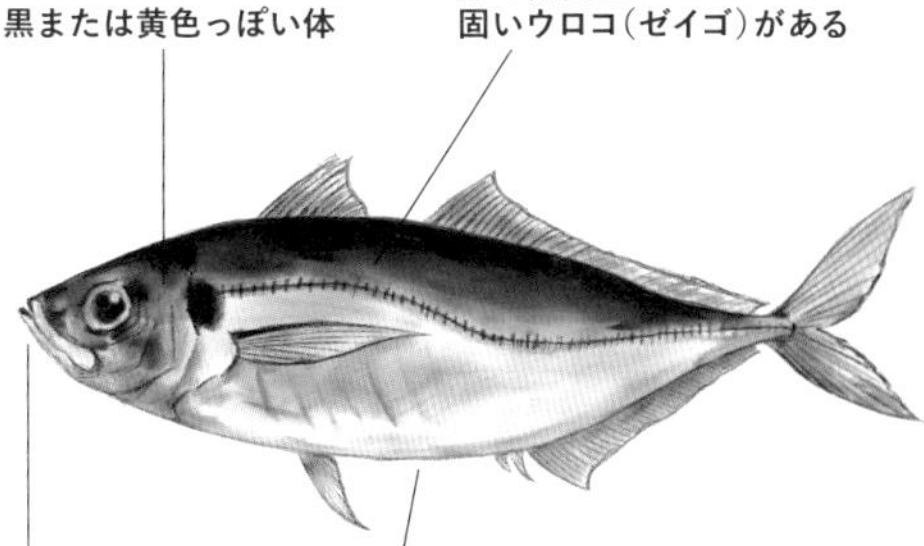
体の側面に固いウロコ（ゼイゴ）がある
くちびるが薄いので、ハリがかかっても強く引っ張りすぎないように
腹側は銀色

TARGET
マアジ
Trachurus japonicus
スズキ目マアジ科

一度に何匹も釣れることもあります！でも、大きな魚が同時にかかるとハリスが切れることもあるのでご注意を

潮の流れを読めば爆釣も夢じゃない♪

カゴがハリの上に付いている「上カゴ式」と、下に付いている「下カゴ式」の2種類があります。上カゴ式はハリの上からコマセを振りまくので釣果が出やすく、下カゴ式は重心が下にあって仕掛けが絡まりにくいのがメリット。ビギナーの方は扱いやすい下カゴ式がオススメです。

サビキ用のハリの根本には魚に似せた装飾が施されています。これにもいろいろな種類があって迷いますが、まずは「スキン」と「魚皮《ぎょひ》」の2種類を用意しましょう。スキンは薄いゴムのことでカラーバリエーションも豊富。魚皮はその名の通り、魚の皮を加工した装飾でハゲ皮（カワハギ）やサバ皮がよく使われます。もともと自然界に存在する素材なので、魚の食いが渋い時に威力を発揮することがあります。

それと大事なのはハリの号数（大きさ）。

＼オキアミ500円／

園内にある今切ショップはサビキ釣り竿やリール付き竿がレンタルできて便利！コマセの自販機もある（笑）

湖風が気持ちいい

水場もあるよ

海湖館のBBQ場でクッキング。浜名湖を眺めながら釣った魚を味わうひとときは格別!

今回狙った魚は10㎝以下の小魚だったので、3号を使用しました。狙う魚が大きくなるほど号数も大きくなるので、号数の異なる仕掛けをいくつか用意しておきます。

竿は長めのものがオススメ

釣り竿はどんなものでもできますが、オススメは長さ3mほどで、2号ぐらいのやわらかめの磯竿やサビキ用の竿。ある程度の長さがあった方が、広い範囲を狙うことができて釣果アップにつながります。竿よりも仕掛けの方が長いと絡まりやすくなるので、仕掛けを用意する時は自分が持っている竿の長さよりも短いものを選びましょう。

メスティン大活躍

☞レシピはP19へ!

コマセはアミエビの冷凍ブロックを、釣りの前に自然解凍して使うのが基本。常温保存できるチューブタイプも、手を汚さずにカゴにコマセを入れられて便利です。カゴにコマセを詰めて海に落とし、竿を上下に動かすと、コマセが海中に撒かれて魚が集まってきます。コマセが広がっている範囲に仕掛けを合わせると、エサに夢中な小アジがハリにかかってきますよ!

釣果を上げる最大の秘訣は、事前に潮見表をチェックして、潮が流れている時間を狙うこと。小さな魚の場合、水汲みバケツに入れておくとすぐに弱ってしまうので、食べたい時はすぐに氷で締めましょう。釣りの最中はコマセで足元が汚れがちなので、釣りが終わったら水で流してきれいにするのもお忘れなく。

釣りの後は… 隣にある海湖館の有料バーベキュー場で、釣った小アジを早速料理♪メスティンでさっと揚げて、スカペーチェ(南蛮漬け)を作りました。小魚であればどんな魚でも作れる簡単レシピなので、サビキ釣りとの相性も抜群です!

小アジがたくさん

MEMO

浜名湖 サビキ釣り

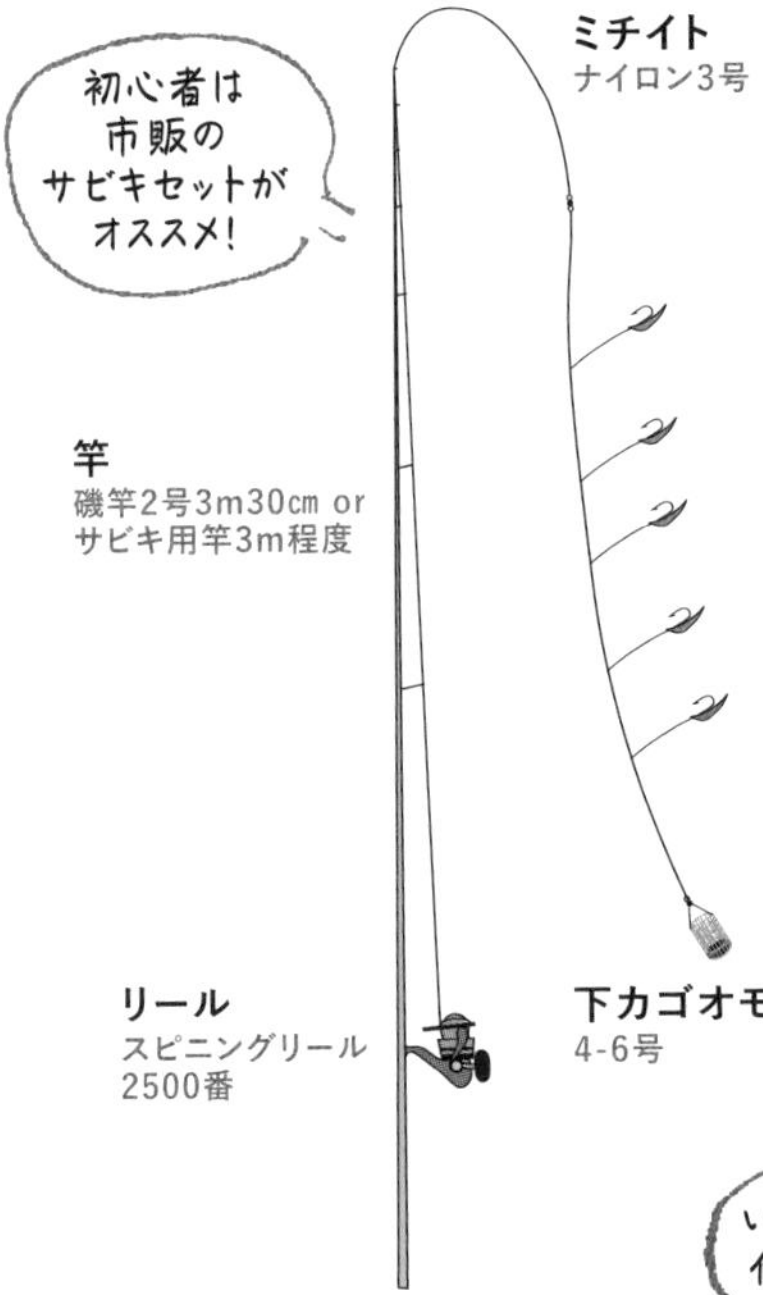

POINT
仕掛けを海に入れたら竿を上下に動かす。すると、コマセが水中に撒き散らされ、エサと間違えて魚がハリに食いついてくる!

コマセは8分目まで入れる

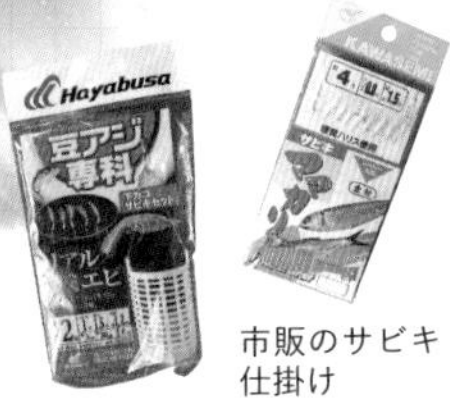

市販のサビキ仕掛け

いろいろあります! 仕掛けの装色

スキン
薄いゴムで色の種類も豊富

魚皮
ハゲ皮やサバ皮が代表的

フラッシャー
光る繊維でアピール力がある

ウイリー
人工繊維で色の種類もいろいろ

新居弁天海釣公園MAP

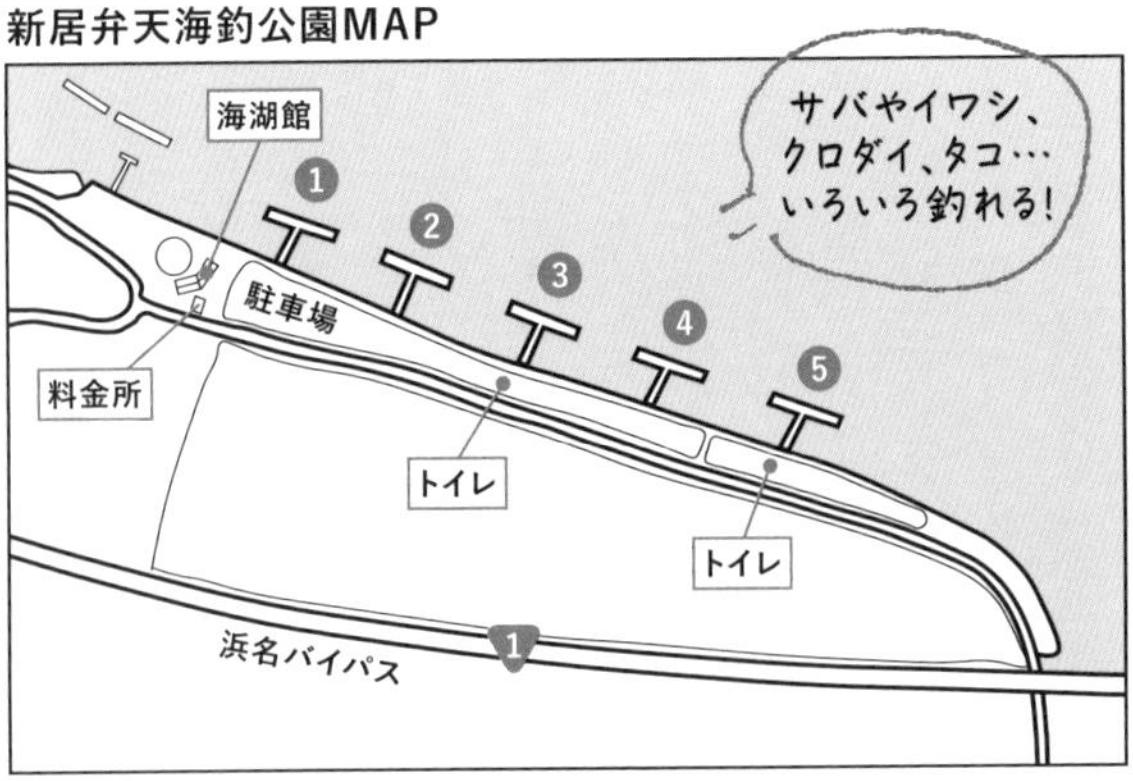

イワシも狙える!

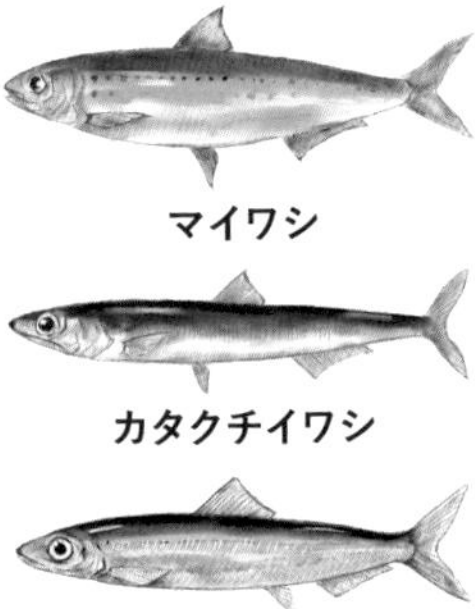

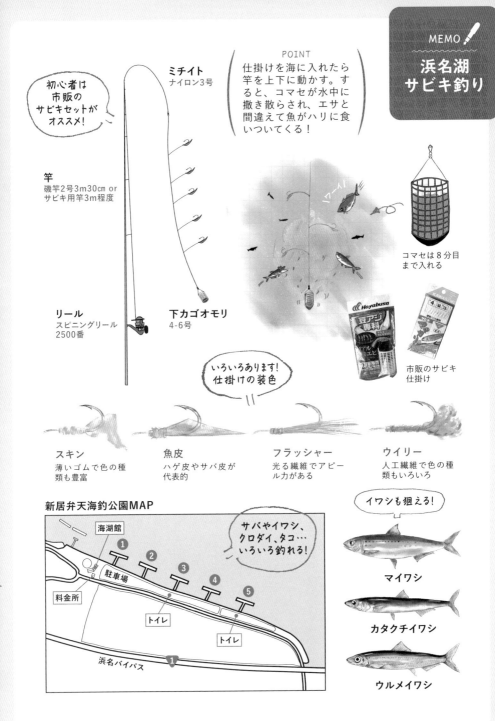

Menu

小アジのスカペーチェ

スカペーチェはイタリア語で「南蛮漬け」という意味。**2**までの工程は自宅で準備して、釣り当日は**3**から始めるとスムーズです。酢のツンとした感じが苦手な人は、リンゴ酢を使うとまろやかになります。

〈作り方〉

1. タマネギを薄くスライスし、水にさらす。赤・黄パプリカも薄くスライスしておく

2. 〈A〉を合わせて熱し、酢を少し飛ばしたら、タマネギ、赤・黄パプリカ、ライム、イタリアンパセリを漬けて冷やす

3. 小アジの内臓とエラを取り除き、小麦粉をまぶす。180°Cの油で揚げ、熱いまま**2**の液にひたす

4. 盛り付けてライムを絞れば完成

材料（2人分）

・小アジ…10尾
・タマネギ…1/4個
・赤・黄パプリカ…各1/8個
・ライム…適量
・イタリアンパセリ…適量
・小麦粉…大さじ3
・揚げ油…適量

〈A〉

・リンゴ酢…100ml
・白ワイン…100ml
・砂糖…30ml
・塩…少々

釣りに行ったら訪れたい **周辺スポット**

今切体験の里 海湖館

うなぎつかみなどの体験イベント時は「きらく市」に釣魚を持ち込むと調理してもらえる（100g 600円～）。／**湖西市新居町新居官有無番地　海湖館☎ 053-594-6624　きらく市☎ 090-8186-1217　㊪9：00～17：00　㊡月曜（祝日の場合は翌日）・年末年始　㊎BBQ場（12～2月要予約）2040円～**

今切ショップ

海釣公園内にある釣具店で、釣り具のレンタルもできる（サビキ釣り竿セット1500円～、リール付き竿セット2000円～）。食事メニューも豊富でテイクアウトOK。／**湖西市新居町新居海釣公園内　☎ 053-594-8889　㊪8：00～16：00（土日祝日は6：30～17：00）　㊡なし**

(2) 浜名湖

タイプ／ボート　レベル／初級

初夏の風物詩！ギマを釣りにいこう

Hamanako

数ある浜名湖の釣り物の中でも、ひときわユニークな存在といえばギマ！とぼけた表情だけど引きはパワフル、しかも美味！浜名湖に来たならぜひ釣ってみたい魚です。

黒船屋

貸し切りボートプラン「親子便」が人気の釣船店。ギマ・小アジ・小サバ・ヘダイの中から、季節に応じた釣りが体験できる。竿や仕掛けも貸してくれるから手ぶらでOK。エサ・氷付き発泡スチロールは料金別途。出船時間は応相談。

湖西市鷲津 2528　☎ 090-5618-3326
㋈親子便 20000 円（定員 4 人、追加は 1 人につき＋ 5000 円）

黒船屋のボートに乗ってギマのポイントへ

＼鷲津マリーナから出航／

つぶらな瞳がかわいい！ 肝も濃厚で美味

ギマという魚を知っていますか？ パッと見はカワハギに似ていて、くりくりした瞳を持つ海水魚です。銀色の体と馬のような顔から銀馬《ぎま》と名付けられたともいわれ、5月頃になると浜名湖に大挙してやってくることから、ギマ釣りは地元の初夏の風物詩になっています。

ただ、スーパーなどに並ぶことはほとんどないので、全国的な知名度は今ひとつ。投げ釣りで釣れることもあるようですが、シロギスの外道として扱われることも多いのだとか（涙）。でも、5～6月半ばのギマは肝がぎっしり詰まっていてとても美味なんです！

というわけで、ギマ釣りの名人、釣船店「黒船屋」の朝倉良太船長にお願いして、ギマ釣りにチャレンジ。釣りのコツをレクチャーしてもらいました。

5月中旬、黒船屋のボートに乗り、湖西市の鷲津マリーナから出港！ 朝倉船長によると、牡蠣の養殖が盛んな浜名湖には牡蠣殻が沈んでいるポイントがたくさんあり、ギマもそのような場所を好んで集まってくるそうです。

ギマは砂泥底に生息する魚なので、海底付近を狙った胴付《どうつき》仕掛けを使います。カワハギ同様、口が小さくてエサだけを上手に取られてしまいがちなのでハゲ針をチョイス（万能な丸セイゴ針でもOK）。狙うポイントは水深2m程度のため、オモリは軽めの3号にしました。ギマに引っ張られた時に破断しないよう、ミチイトとハリスとの間にはリーダーを結びます。

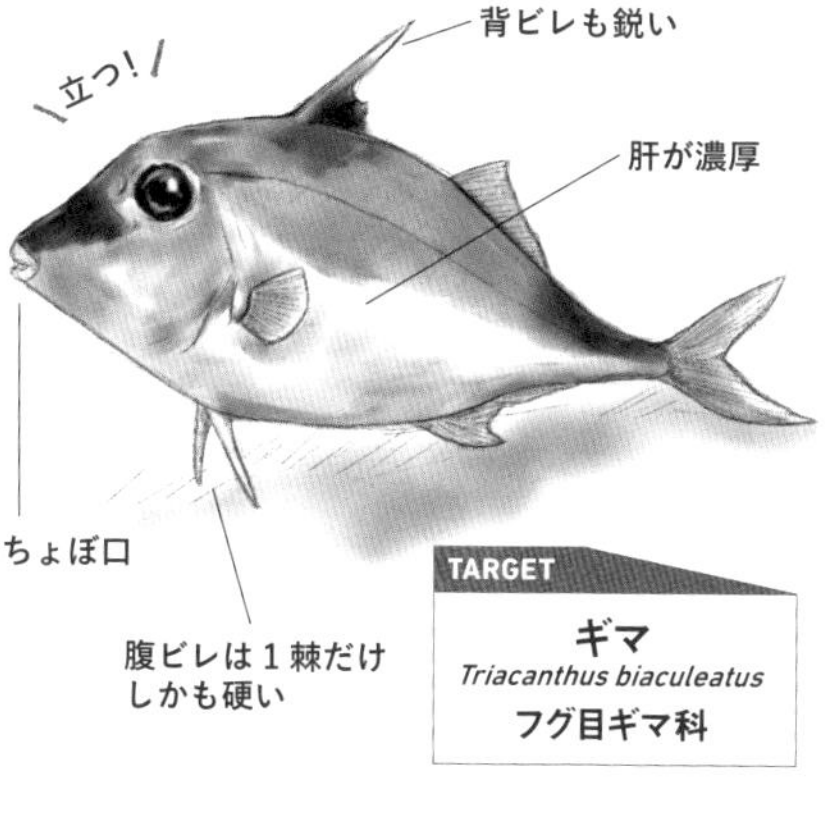

TARGET

ギマ

Triacanthus biaculeatus

フグ目ギマ科

ギマは体がぬるぬるしてるので、フィッシュホルダーがあると便利！

＼引きがスゴイ！／

とぼけた表情がクセになりそう

仕掛けにエサのアオイソメを付ければ準備完了。魚の誘いになるよう、イソメはちょっと長めにしてハリに付けるのがコツです。湖に向かって仕掛けを軽く投げ、オモリが底に着いたらゆっくりとリールを巻いて、ズルズルと仕掛けを引き戻していきます。アタリがなければ、仕掛けを引き上げて再び投入します。

引きは強烈！ 予想以上にたくさん釣れる

しばらくすると、ココンッというアタリがやってきました。ここで焦らず、竿をゆっくり頭上まで持ち上げてアワセます。すると、

浜名湖体験学習施設ウォット／浜松市西区舞阪町弁天島5005-3　☎053-592-2880　㊫9：00～16：30　㊡月曜（祝日の場合は翌日）　㊎大人320円、高校生以下無料

＼かわいい／

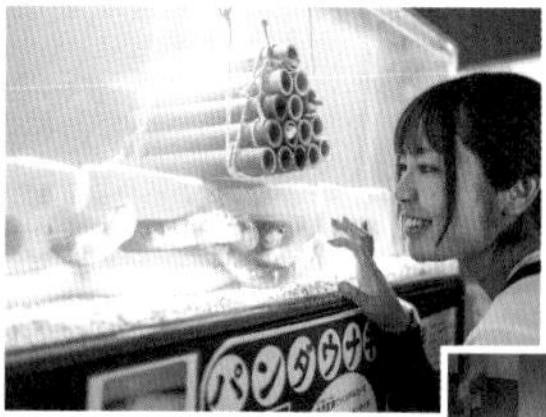

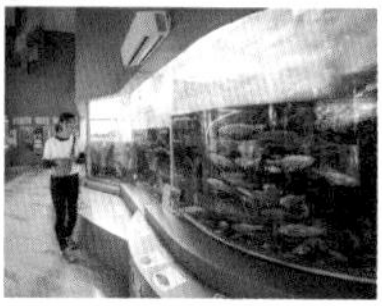

浜名湖の魚に
会いに
ウォットへ

釣りの後はウォットで体が白黒のパンダウナギを見学。10万匹に1匹といわれるレアなウナギにも会える

グイグイと力強い引きが発生。そう、見た目はかわいいギマですが、引きは結構強烈なんです。竿に伝わる感触を楽しみながらリールを巻いていくと、銀色に輝くギマが釣れました！

一度釣れると、その後はテンポよく2匹、3匹とかかってくれました。「ギマの体長は大きいもので25㎝ほど。このぐらいのサイズで、手軽にたくさん釣れる魚は他にないんじゃないかな」と朝倉船長。確かにこれだけよく釣れて、引きの強さが味わえる魚は珍しいかもしれません。時々、ヘダイもかかりましたが、こちらもいい引きでしたよ。

ちなみに、ギマは腹ビレがめちゃくちゃ硬いです。どのぐらい硬いかというと、地面に置くと自立できるぐらい（笑）。だから、たくさん釣れると、ついつい並べたくなっちゃうんですよね。逆に調理する時はこの硬い部分が曲者で、上手にさばくには少し慣れが必要です。

釣りの後は… 浜名湖の魚についてもっと知りたい人は弁天島にある「浜名湖体験学習施設ウォット」へ。浜名湖や遠州灘の魚、約120種を見学できる魚好きにはたまらないスポットです。館内にはサメやエイが優雅に泳ぐ大水槽があり、魚に直接触れられる体験ゾーンもいっぱいありますよ。

教えてくれた人

＼浜名湖最高！／

朝倉良太さん
黒船屋の船長で、ギマや小アジを釣る「親子便」のほか、大物狙いの沖釣りも案内。浜名湖のクロダイポッパー（P38）のパイオニアでもある

MEMO

浜名湖 ギマ釣り

POINT

根擦れや破断を防ぐため、ミチイトとハリスの間にショックリーダーを接続。エサのアオイソメは少し長めにして、魚にアピールした。

底にオモリを着け、ズルズルと仕掛けを引くとアタリが出やすい。

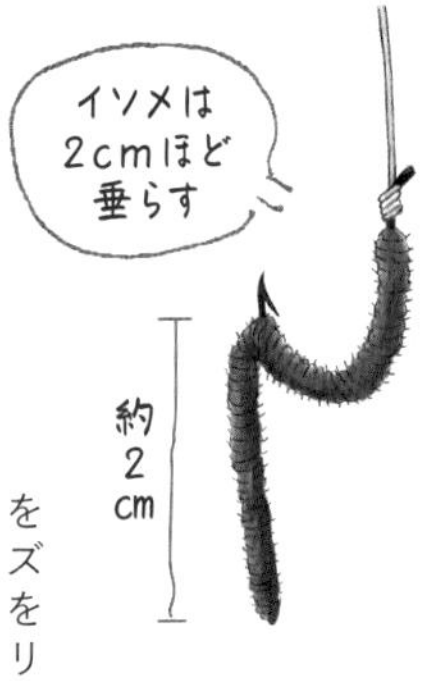

ギマのさばき方

①エラぶたの後ろから肛門まで切り込みを入れる

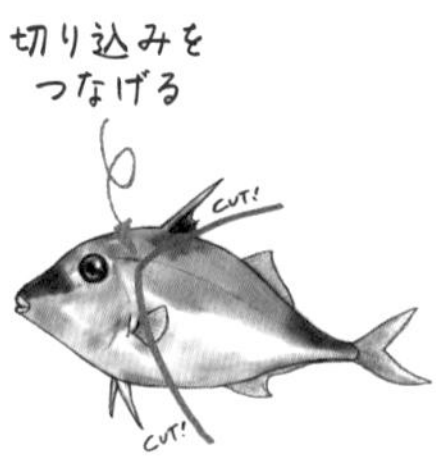

②硬い第一背ビレの後ろから切り込みを入れ、①の切り込みとつなげる

③頭と身を分離させ、尾ビレを切り落とす

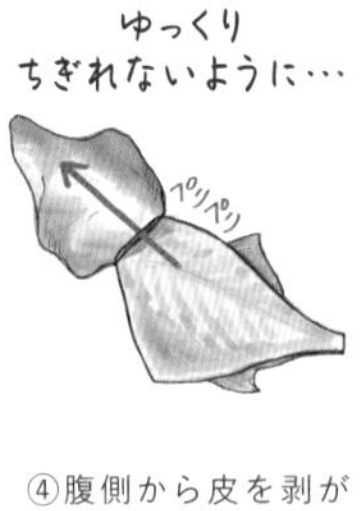

④腹側から皮を剥がして、三枚におろす

Menu

ギマのカレーフリット

ギマの身はカワハギ同様、コリコリとした歯ごたえがありますが、揚げるとふわっとした食感に。濃厚な肝もカレーの風味を利かすことで食べやすくなるので、お酒のアテにぴったりです。

〈作り方〉

1. ギマの皮を剥ぎ、三枚おろしにする。中骨を抜いたら、薄力粉（分量外）をまぶす

2. 炭酸水と薄力粉をダマがなくなるまで混ぜ、ガラムマサラを加える

3. ギマを2の衣にくぐらせ、180℃に熱した油でキツネ色になるまで揚げる

材料（2人分）

- ギマ…4尾
- 炭酸水…65ml
- 薄力粉…65g
- ガラムマサラ（なければカレー粉）…大さじ1
- 揚げ油…適量

釣りに行ったら訪れたい　周辺スポット

ミニキャンプ浜名湖

浜名湖遊覧船みっかび瀬戸港にあるデイキャンプ施設。4サイトのうち2カ所は有料で電源使用可。目の前が浜名湖でロケーション抜群。／**浜松市北区三ヶ日町大崎1899-5　☎053-526-7066　㋮通年　㊡なし　¥3000円（+ゴミ処理代200円）**

LaLaカレー

スリランカから仕入れた30種のスパイスとハーブを使ったカレーが人気。ワタリガニや牡蠣など浜名湖の魚介を使ったカレーも提供する。写真はクルマエビと小松菜のカレー（1500円）。／**浜松市西区舞阪町舞阪2668-169　☎053-523-6567　㋮11：00～17：00　㊡なし**

(3) 天竜川

タイプ／河口　レベル／初級

ちょい投げでお手軽BBQ開催!!

釣りたての魚を、現地で買った食材と一緒に料理！ そんな楽しみ方ができるのが、磐田市の竜洋海洋公園です。園内の池にいる魚を「ちょい投げ」で狙ってみました。

竜洋海洋公園

天竜川と遠州灘につながる汽水域の池が広がる。池の北側は柵があって足場も良いから子連れも安心。釣魚はキビレ、シーバス、ハゼなど。南側はテナガエビ釣りのポイントとして人気。

磐田市駒場 6866-27　☎ 0538-66-5580
㊔24 時間　㊡なし　㊟無料

南国的な雰囲気が漂う園内。柵が付いてるから家族連れも安心です

園内の汽水池は魚でいっぱい

天竜川の河口にある竜洋海洋公園は、キャンプやマリンスポーツなど、さまざまなアクティビティーが体験できるアウトドアスポット。園の南に広がる池は海とつながっていて、クロダイやハゼ、テナガエビなど、汽水域に棲息している魚を狙うことができます。

外海のように荒れることもなく、池の前には柵がついているので子連れのファミリーも安心。しかも、園内にあるレストハウス「しおさい竜洋」にはバーベキュー場があるから、釣った魚を現地で味わいたい人にもぴったりです。館内には地場野菜の販売コーナーもあるから食材調達にも困りません！

釣りのシーズンは夏〜秋。「ちょい投げ釣り」ならキビレやシーバス、ハゼなどいろいろな魚を手軽に釣ることができるので、ビギナーにもオススメです。今回はちょい投げで釣った魚を、現地の野菜と一緒に料理してみました。

ちょい投げはその名の通り、軽いオモリの付いた仕掛けを〝ちょいっ〟と投げる釣りのこと。本格的な投げ釣りは仕掛けを100m以上飛ばして沖にいる魚を狙いますが、ちょい投げは長さ2m前後の竿を軽く振って仕掛けを数m〜数十m先に飛ばす釣り方です。

仕掛けは2本バリのちょい投げ仕掛けのほか、キス仕掛け、ハゼ仕掛けなどでもOK。釣具店に行けば、ちょい投げ用の竿・リール・仕掛けのセットもたくさん販売されています

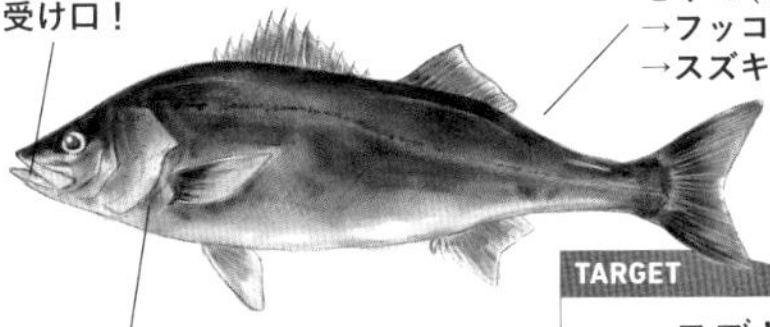

TARGET
スズキ
Lateolabrax japonicus
スズキ目スズキ科

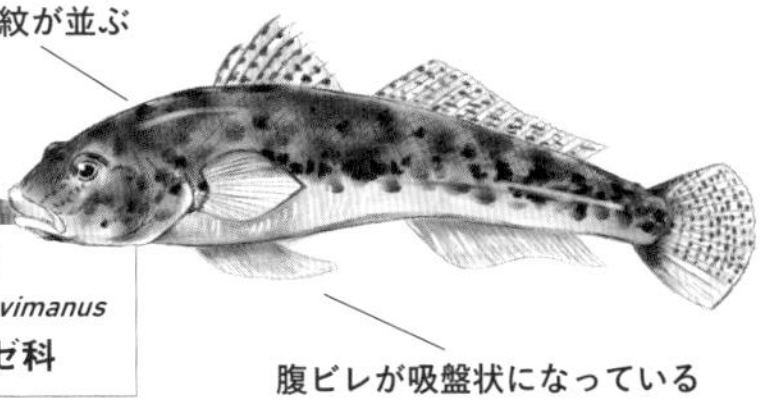

TARGET
マハゼ
Acanthogobius flavimanus
スズキ目ハゼ科

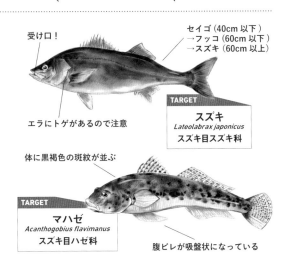

シーバス、キビレ、ハゼ いろんな魚が 簡単に釣れちゃう

セイゴ(シーバス)をゲット。河口なので汽水域の魚が多く釣れます

よ。ハリスが長いと扱いづらいので、まずは60~70㎝の仕掛けをチョイスしましょう。ハリは小さな魚でも掛かりやすい7号前後にして、オモリは3~5号を用意。仕掛けを投げた後に竿を引っ張ってもオモリの重さを感じなければ、オモリの号数を上げてアタリを取りやすくします。

今回、エサはアオイソメを使いました。うにゃうにゃ動いて気持ち悪いという人もいますが、やっぱり生きたエサなので魚の食いが違うんですよね。苦手な人は市販の「エサつかみ」を使ってみてください。エサに触れることなく、ハリに付けることができますよ。

竿をちょいっと振って魚ゲット

エサがセットできたら、仕掛けを池に投入!オモリの位置が竿の1/3ぐらいの長さになるまで糸を垂らし、ベイルを起こして糸を人差し指にかけます。軽く振りかぶり、竿を振り下ろしながら指から糸を離すと仕掛けが前に飛んでいきます。

＼BBQ場で調理！／

レシピは
P31へ！

BBQ場で作ったアヒージョを堪能。気分はスペイン（笑）
なぎさ広場（BBQ場）／㊔11：15～16：45　㊡なし
㊎1650円＋入場料

さーて、
料理の
時間だ！

直売所で
＼材料を買って…／

プチトマト
ヒモナス

しおさい竜洋の直売所で地元の野菜や調理料を調達♪　直売所／㊔9:00～18:00（土曜20：00まで）　㊡なし

しおさい竜洋のレストランで味わえる「しらすのオレンジライスプレート」（1200円）　カフェレストラン「ルポ」／㊔11：00～15：00（14：30）　㊡木曜

仕掛けが底に沈んだらハンドルを巻いて、糸が張った状態をキープ。反応がなければ時折、竿をゆっくりと引っ張り、再びリールを巻いて糸を張る、このアクションを繰り返します。魚は新鮮なエサが大好きなので、イソメもこまめに交換。ブルブルとしたアタリがきても焦りは禁物です。一定のペースでリールを巻いて釣り上げましょう。

この日はセイゴをはじめ、キビレ、クロダイなど小ぶりの魚がたくさん釣れました。セイゴはルアーフィッシングでも人気があるシーバスの子どもです。

釣りの後は… どれも白身がおいしい魚なので、アヒージョを作ることにしました。しおさい竜洋のなぎさ広場（バーベキュー場）で、池を眺めながらクッキングスタート。ニンニクを熱したオリーブオイルの中にさばいた魚を入れ、さらに直売所で見つけた磐田産のヒモナスとプチトマトも投入します。どんな魚や野菜でもおいしく仕上がるアヒージョは、釣りと料理を楽しみたい時にぴったり。思った通り、ナスとオイルは相性抜群、魚もふわふわに仕上がりました！

MEMO

竜洋 ちょい投げ

POINT

リールを一定のペースで巻くことで、エサを水中に漂わせ、魚にアピールする。糸を張った状態を保つのが、アタリの感触を逃さないコツ。

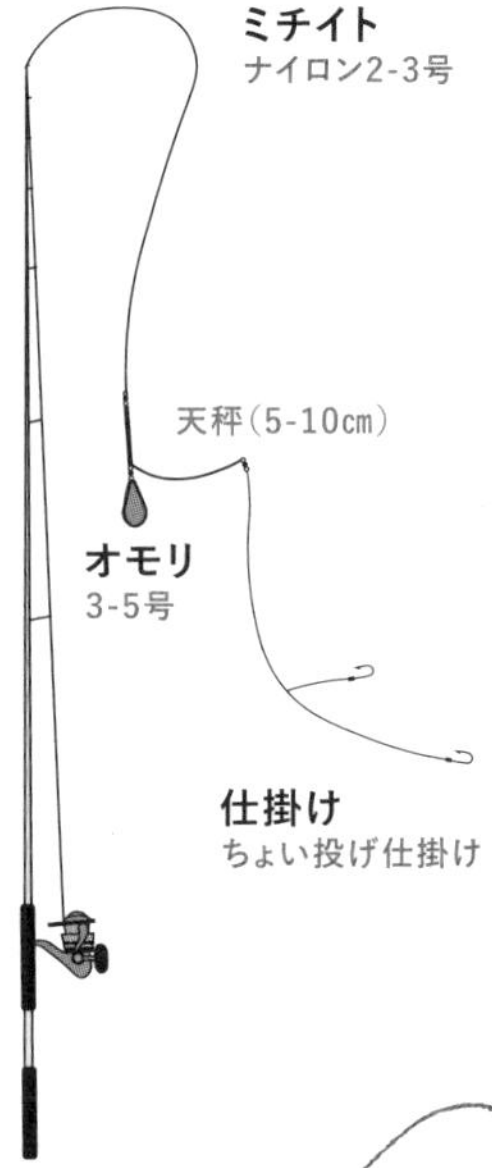

①指で糸を押さえてリールのベイルを起こす。

▼

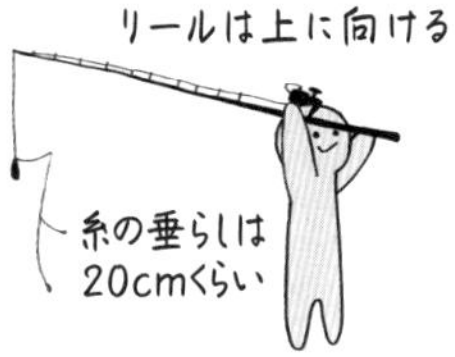

②リールを上に向け、リールを持っていない方の手で竿の付け根を握って、振りかぶる。

▶

③竿をまっすぐ振り下ろし、仕掛けが頭上を通過するあたりで糸を押さえている指を離す。

▶

④竿を時計の2時の位置で止め、仕掛けが飛んでいくので目で追う。

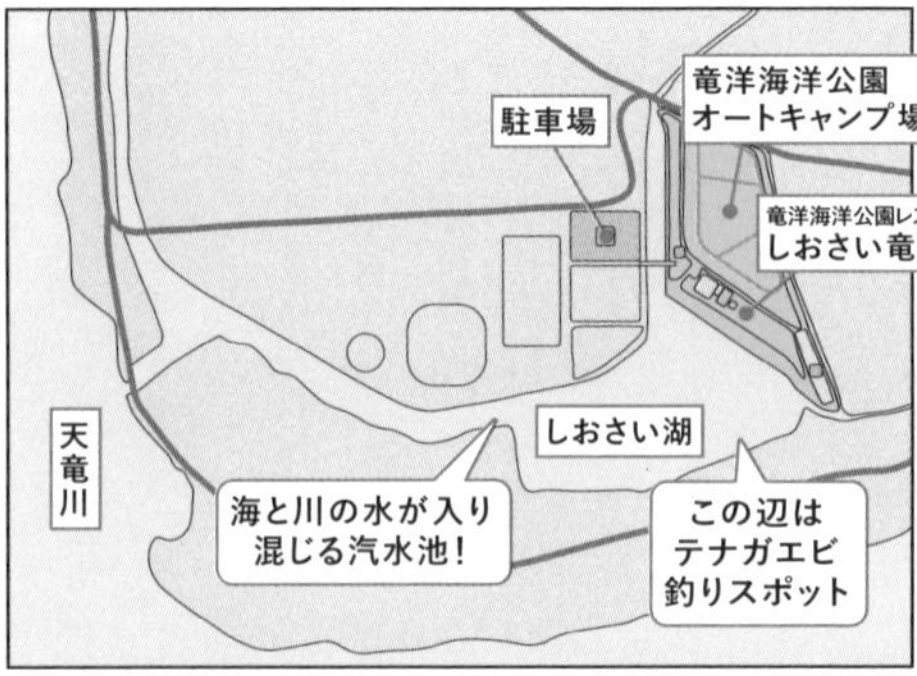

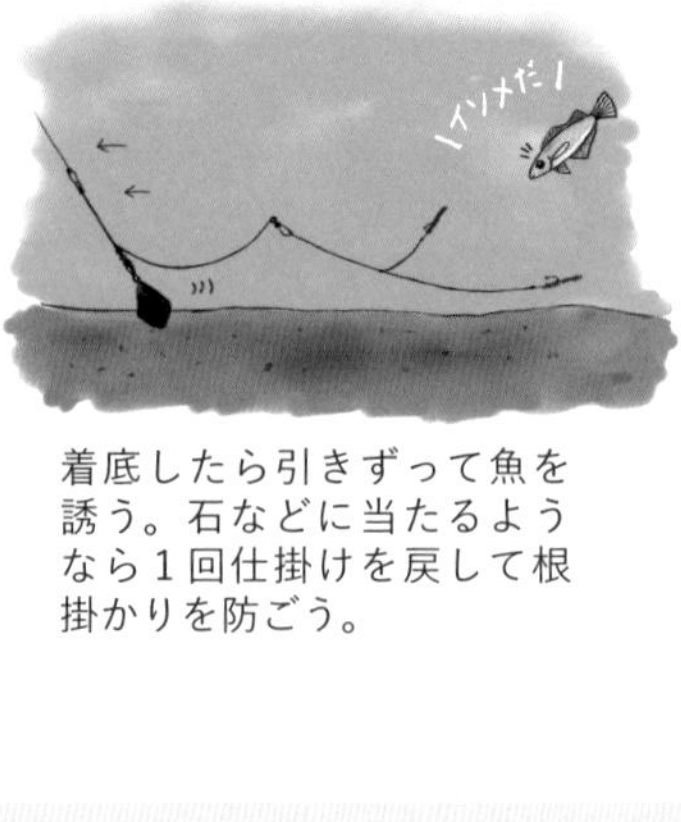

着底したら引きずって魚を誘う。石などに当たるようなら1回仕掛けを戻して根掛かりを防ごう。

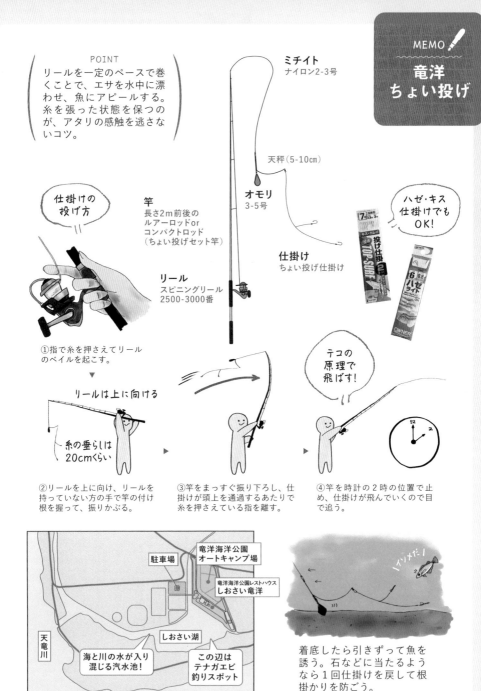

Menu

竜洋で釣れた魚と 地場野菜のアヒージョ

今回は使ったスパイスは「勝男クン。僕のWHITEスパイス」(シーラック)。カツオだし・ガーリック・岩塩がベースでパンチの聞いた味わいはアヒージョにぴったりでした。材料の魚や野菜は一例なので、釣果に合わせて分量を調整してくださいね！

材料（2人分）

- セイゴ (20cm) …2尾
- キビレ (15cm) …1尾
- クロダイ (15cm) …1尾
- ミニトマト…4個
- ひもナス…15㎝
- 黄パプリカ…1/4
- ニンニク… 1片
- オリーブオイル…適量
- 鷹の爪…1本
- 塩こしょうスパイス…適量
- バケット…適量

〈作り方〉

1. 魚を三枚おろしにして骨を抜く

2. 野菜を2㎝角くらいに切る

3. ニンニクをスライスして、鷹の爪の種を抜く

4. 具材をスキレットに入れ、オリーブオイルを浸かるぐらいまで注ぐ。火にかけて5分程度煮たら、塩こしょうスパイスをかけて完成。バケットは焼いて添える

釣りに行ったら訪れたい 周辺スポット

しおさい竜洋

竜洋海洋公園内にあるレストハウス。レストランやBBQ場、地場野菜の直売所があるほか、入浴施設で汗も流せる。／**磐田市駒場6866-10　☎0538-59-2641　〈入浴施設〉㋲10：00～21:00（最終入場20:30）　㉁木曜　¥大人360円、小中学生150円**

福田港

釣り専用の護岸があり、海釣りが気軽に楽しめる。渚の交流館にある「漁師のどんぶり屋」はシラス丼が大人気。／**磐田市豊浜4127-43　☎0538-30-7091 ※渚の交流館は8：30～17：00営業、火曜休み**

(4) 遠州サーフ

タイプ／サーフ　レベル／中級

波打ち際で爽快！ルアー釣り

Enshu surf

波が足元まで押し寄せるサーフの釣りは、堤防とは違った楽しみがいっぱい。御前崎でペンションを営むオーナーに案内され、遠州サーフでルアーフィッシングにチャレンジしました。

The Green Room INN

サーフフィッシングを愛するオーナーが営むペンション。宿泊者はロッドやゲームベストがレンタルでき、BBQ セットやサウナのレンタルも可。イチゴ狩りができる「海風農園」も運営中。

御前崎市白羽 7787　☎ 080-3090-2227　㊎宿泊料 4900 円～

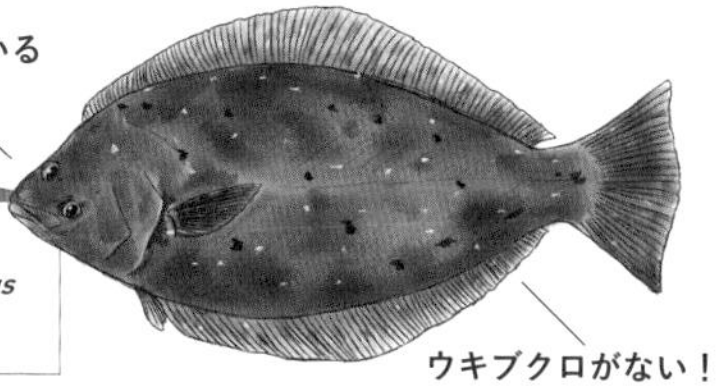

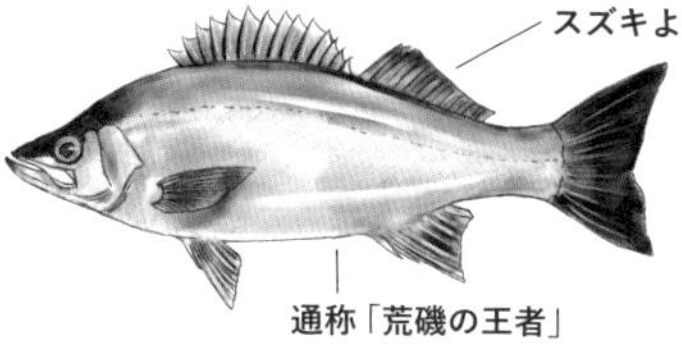

ミノー、ワーム、ジグなど、状況に合わせてルアーを使い分ける

地形を読んで肉食魚を狙う！

浜名湖から御前崎にかけて続く砂丘は遠州サーフと呼ばれ、釣り人の間でも人気のスポット。フラットフィッシュやシーバス、青物など、多彩な魚種を1年通じて狙うことができ、近年はヒラメ釣りの聖地として県外からも注目されています。

目の間に広がる海は、水面が鏡のように穏やかな日もあれば、力強い波が押し寄せる日もあって表情豊か。澄んだ朝焼けや満天の星空など、時間帯によってさまざまな光景を楽しめるのもステキです。そんなサーフの魅力をもっと知りたくて、御前崎市のペンション「TheGreenRoomINN」の田中善通さんと一緒に近くの砂丘へ繰り出しました。

今回は小魚を捕食するフィッシュイーターを、ルアーで狙う釣りに挑戦。遠州サーフは遠浅のため、潮や波の影響で頻繁に地形が変わります。こうした場所では、魚がエサを追い込んで食べるようなポイントを探すのがセオリー。海底に根（岩や磯）があるような場所や消波ブロック付近は魚が集まりやすいほか、河口などもプランクトンが溜まりやすくて狙い目です。

周りに何もない時は「離岸流」をチェックします。沖から流れてきた波は沿岸付近で一カ所に合流し、再び沖へと流れていきます。この時、砂も沖に運ばれていくので、周囲に比べて底が深くなり、ベイト（エサとなる小魚）も溜まりやすくなります。底が深いと白波が立ちにくいため、沖をじっくり観察して、

以前、遠州サーフで釣ったヒラメ

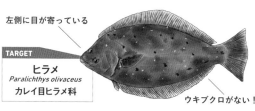

大海原に向かってフルキャスト！

田中善通さん
御前崎市のペンション「The Green Room INN」オーナー。大の釣り好きで宿泊客にサーフフィッシングの案内もしている

鳥が海面近くを飛んでいたらベイトがいる可能性大

ラインは10mごとに色が変わるものにすると距離が分かりやすい

ミノーで約50cmのヒラスズキをゲット

白波のない場所を探すのがコツです。

竿はサーフルアーロッドか長めのシーバスロッドを用意。10ft（約3m）前後のものを使うと飛距離が出ます。竿が硬いと振り切れずに飛距離が落ちてしまうので、私はいつもやわらかめの竿（M）を使うようにしています。ルアーはミノー、シンキングペンシル、ジグ、ワームを用意。状況によって使い分けます。

波やベイトは貴重なヒント

遠州サーフが盛り上がるのは、4月から梅雨にかけてと11・12月頃。この日は2月後半で厳しめシーズンのため、ベイトがいるかどうかで釣果が左右されます。日の出前からサーフに入り、まずはポイント選びから始めました。

田中さんが案内してくれたのは、波打ち際にもゴツゴツとした岩が確認できる場所。少し波気があり、「サラシ」もいい感じに発生しています。サラシとは波が磯などに当たって砕け、真っ白に泡立っている場所のこと。酸素が豊富でプランクトンが溜まりやすいため、小魚やそれを捕食する魚も集まってきます。偏光グラスをかけて、波打ち際のベイトをチェック。すると、フィッシュイーターに追われたと思われるカタクチイワシの姿がありました。これは大きなチャンス！早速、ミノーをチョイスして、サラシを越えた先を目

＼レシピはP37へ！／

右／御前崎の食材を使った特製フィッシュ＆チップス
左／デザートは田中さんが営む農園のイチゴ！

道の駅で地元の食材を調達！
道の駅 風のマルシェ御前崎
／御前崎市合戸字海岸4384-1
☎0537-85-1177　㊢8：00～18：00　㊡年末年始

The Green Room INNのリビングで食事タイム

掛けて投げてみました。

ミノーは沈まないので、底がゴツゴツしているような場所で力を発揮するルアー。着水したら糸を一旦、沈ませて風や波の影響を受けにくくします。糸が海になじんだら、潮に流されない程度のスピードで巻いていき、ルアーを魚にアピール。波打ち際でもフィッシュイーターは追ってくるので、手前までしっかりルアーを引きます。

ゆっくりと巻いて、再び投げる。これを3～4回繰り返したところ、ググッと引っ張られるようなアタリがやってきました。サーフの場合、波打ち際でハリが外れることがありますが、これは寄せては返す波の影響で糸が緩んでしまうため。やり取りする時は、波に合わせてリールを巻く速さを調節し、糸がたるまないようにします。ランディング（取り込み）の際も、寄せ波に乗せつつ、こちらも後ろに下がってずり上げます。

ロッドを立てて慎重にやり取りした結果、約50㎝のヒラスズキをゲット！ヒラスズキはサラシの下で魚を食べる習性がある魚です。地形やベイトを読み切った、作戦通りの釣果でした。

釣りの後は… 釣ったヒラスズキはせっかくなので、田中さんのペンションに持ち込んで調理することに。道の駅「風のマルシェ御前崎」で買ったサツマイモ&芽キャベツも一緒に揚げれば、ご当地食材のフィッシュ&チップスが完成！デザートは田中さんが営む農園の摘みたてイチゴを味わい、御前崎尽くしの1日を堪能できました♪

MEMO

遠州サーフルアー釣り

POINT
ロッドはやわらかすぎると、底を引いている時にアタリの見分けがつきにくいので自分にあった硬さを選ぶのが大事！

ライン
PE1.5号200m

ショックリーダー
フロロ4-5号1m

リール
スピニングリール
4000番

ロッド
サーフルアーロッド or
シーバスロッド10ft

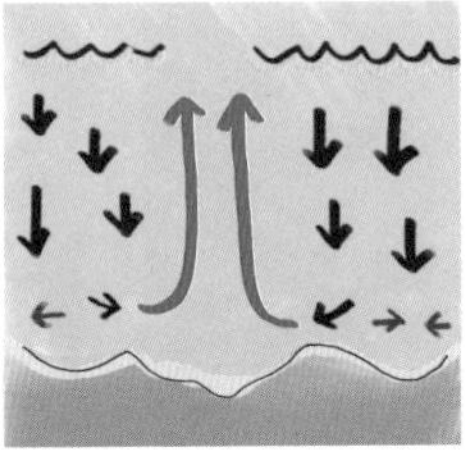

浜にぶつかった水が沖に戻っていく時に発生する

離岸流のイメージ

ルアーの種類もいろいろ

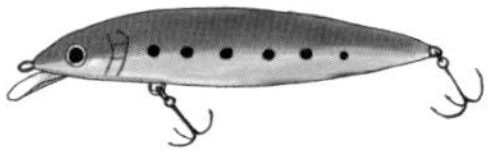

ミノー
ベイトに似せた細めのルアー。基本的に浮くものが多く、遠浅のポイントや磯などで重宝する。巻くだけで魚が泳いでいるような動きをする

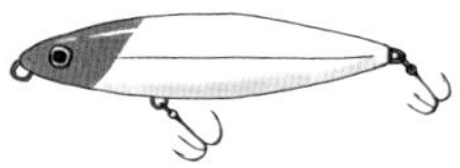

シンキングペンシル
何もしないと沈むが、空気抵抗がないため飛距離が出る。ミノーよりも少し下の層を狙いたい時や弱い波動で釣る時、ベイトが遠い時などに使う

広大な遠州サーフはヒラメ、マゴチ、ブリ、サワラ、クロダイ、アジなど多彩な魚種が狙える

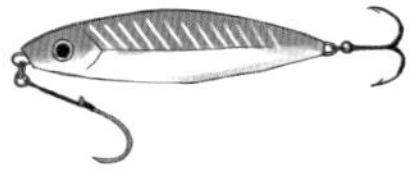

メタルジグ
金属製でウェイトがあるので、飛距離と沈む速度は抜群。遠くにベイトがいる時や水深があるポイントを狙うのに適している

ワーム
ヘッドが金属のため飛距離があり沈む。着底後、3・4回リールを巻いて動かし、少し止めるという動きを繰り返すと、魚に警戒心を与えず誘える

〈ルアーごとのアクションの違い〉

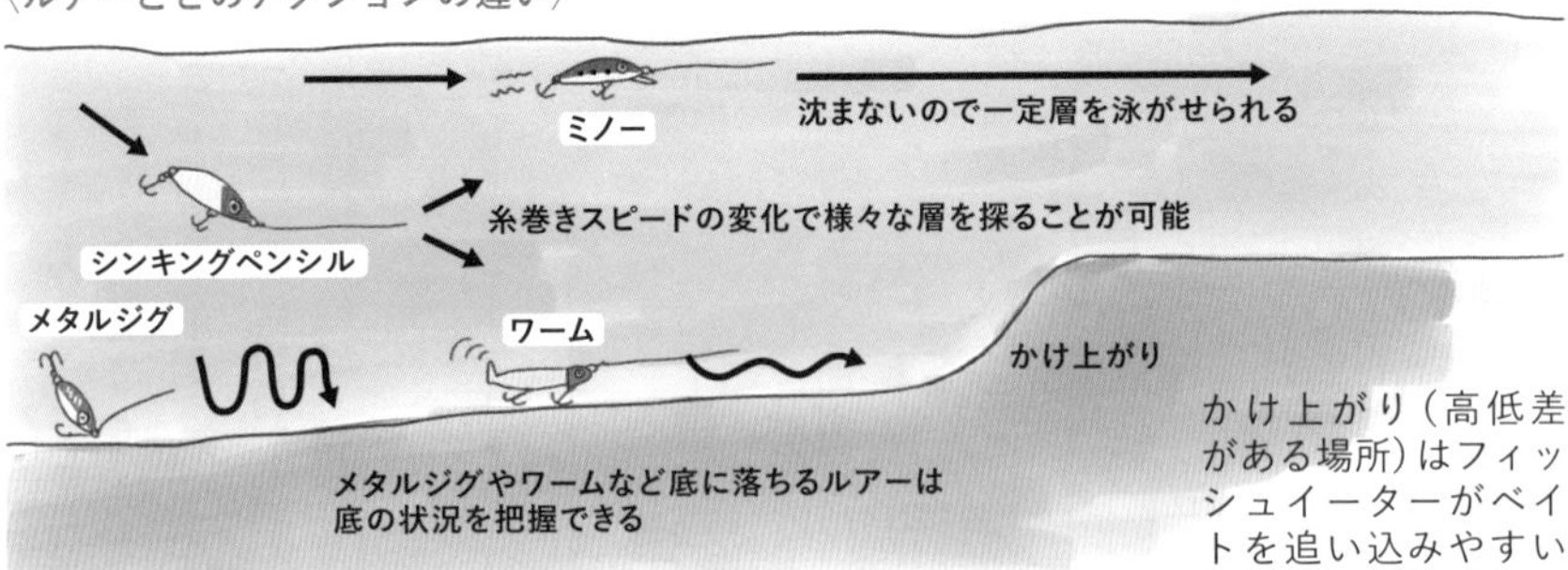
ミノー
沈まないので一定層を泳がせられる
シンキングペンシル
糸巻きスピードの変化で様々な層を探ることが可能
メタルジグ
ワーム
かけ上がり
メタルジグやワームなど底に落ちるルアーは
底の状況を把握できる

かけ上がり（高低差がある場所）はフィッシュイーターがベイトを追い込みやすい場所なので狙い目

釣った魚で
簡単レシピ

Menu

フィッシュ＆チップス 御前崎スペシャル

材料（2 人分）
- ヒラスズキ…半身
- サツマイモ（約 20cm）…2 本
- 芽キャベツ…4 個
- 薄力粉…40g
- 片栗粉…50g
- ベーキングパウダー…2g
- 塩…少々
- 炭酸水…130ml
- 小麦粉…適量
- 揚げ油…適量
- レモン…1/2 個
- イタリアンパセリ…適量
- ハーブソルト…適量

〈作り方〉

1. サツマイモを皮つきのままスティック状に切る。さっと洗って 5 分ほど水に差したら、ザルに上げて水気を取る

2. ヒラスズキに塩をすり込み、10 分ほど置く。表面をさっと洗って水気をしっかり取り、半身を 3 等分に切る

3. 鍋にサツマイモを入れ、かぶるくらいの揚げ油を注ぎ、中火にかける。表面がカリッとしてきたら、箸で混ぜながらカラリとするまで 10 分ほど揚げ、油を切る

4. 薄力粉、片栗粉、ベーキングパウダー、塩、炭酸水を混ぜ合わせて衣を作る。魚に小麦粉を薄くつけ、衣にくぐらせて 180℃の揚げ油で 3 分ほど揚げる。芽キャベツも衣に潜らせて揚げる

5. 皿に盛り、レモン、イタリアンパセリ、ハーブソルトを添えて完成

釣りに行ったら訪れたい 周辺スポット

御前崎レストランたわらや

人気の「朝ラーメン」は早朝釣りの〆にぴったり。味は 20 種類以上あり、濃厚煮干し（1100 円）やかごしま背脂ブラック（1100 円）など限定メニューも豊富！／**御前崎市合戸字海岸 4384-1　☎ 0537-85-1660　㊫ 7：00 ～ 10：00、11：00 ～ 14：00　㊡月曜（祝日の場合は翌日）**

KOPI POT

港近くにあるカフェで、ハンバーガーやドリンクなどを販売。御前崎の黒潮から作ったなぶら塩にオリジナルのハーブをブレンドした「コピ塩」は魚料理とも相性抜群！／**御前崎市御前崎 1055-1　☎ 080-8186-9498　㊫ 11：30 ～ 18：00　㊡月～水曜（イベント出店時も休み）**

Column

浜名湖発祥！クロダイポッパー

浜名湖名物のクロダイポッパー。日中に水温が25度以上になる夏がハイシーズン

浜名湖でギマ釣りを案内してくれた黒船屋の朝倉船長は、ポッパーを使ったクロダイ釣りの第一人者としても全国的に有名。せっかくなので、ギマ釣り後、特別にクロダイポッパーのレクチャーをお願いしました。

ポッパーとは、水面に浮かぶタイプのトップウォータールアーのこと。口がぽっかり空いていて、竿を使ってアクションさせると、カップの部分が水を受けて音や泡が発生。これが水面下にいる魚への強烈なアピールになります。

案内してもらったのは底に牡蠣殻が堆積している、いわゆるハードボトムと呼ばれるポイント。甲殻類が棲息しやすく、それらを狙ってクロダイも集まってくるような環境です。クロダイはとてもアグレッシブな魚で、水深30㎝ぐらいの浅瀬でもエサを追いかけてきます。特に水温が高くなると活性が上がり、表層まで小魚を食いにくる習性があるので、そこをルアーで狙います。

広範囲を探れるよう、ポッパーは飛距離が出るタイプをチョイス。クロダイは口が小さく、捕食があまり得意ではないので、アクションしても移動距離が少ない垂直浮きタイプの方が、フッキング率がアップします。

まずはポッパーを投げたら、リールを巻いて糸ふけを取り、ロッドを振ってアクション。「ポコッ、ポコッ」と水しぶきを3～4回立てたら、ゆっくりと引き波を立てながらリールを巻き取ります。弱った小魚をイメージしながら動かすのがコツ。これを魚が現れるまで繰り返します。

「ポッパー」は英語の「POP」が語源。「ポンと音が鳴る」という意味で、水と空気で音を出すことから名付けられた

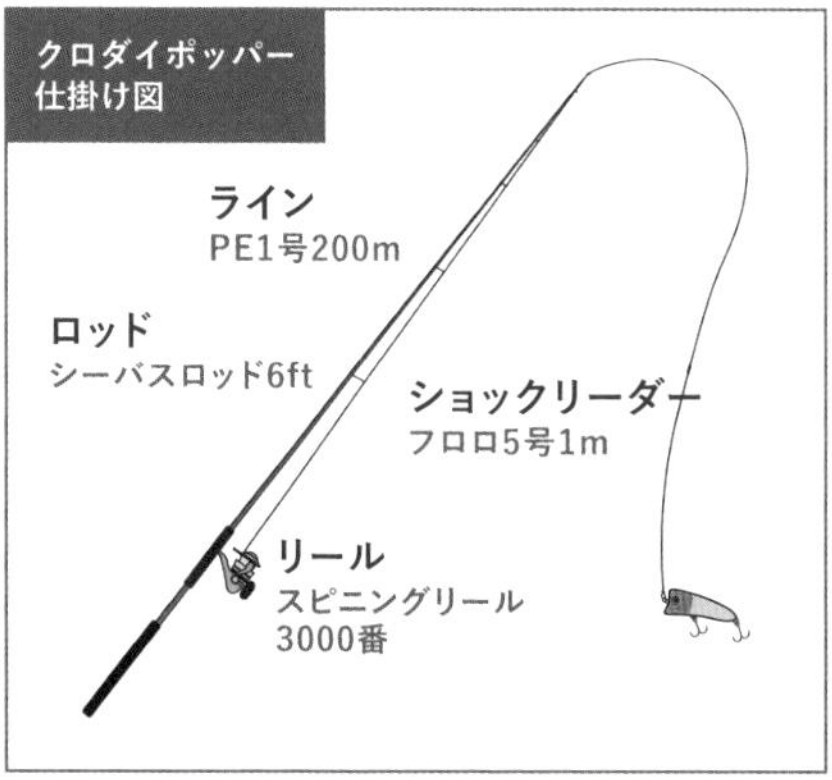

上／ゆっくりとリールを巻いてクロダイを誘う
下／最後はタモで確実に取り込む

キビレをゲット！想像以上に
アグレッシブな反応でした

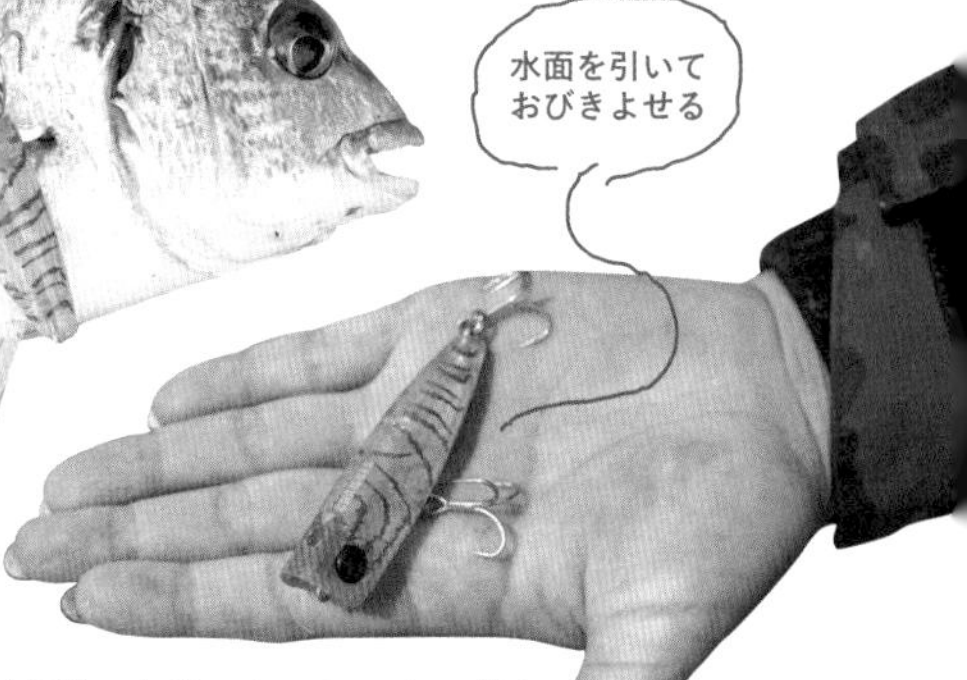

今回使ったポッパー。口のカップが
水を受けると音や泡が発生する

しばらくするとポッパーの後ろをくっつくように追いかけてくる魚の背びれを発見！ですが、怪しいと思ったのか、しばらくするとスーッと水中に消えていきました。アタリこそなかったものの、魚の姿を目の当たりにして心臓はドキドキ。クロダイは何度もルアーにアタックしてくるので、フッキングしなくてもあきらめずに誘うことが大切です。

「食う時は、突然ガバッとくるからね」という朝倉船長の言葉通り、しばらくすると再び水面に波紋が起こり、強烈なアタリが到来しました。慎重にリールを巻き、釣り上げたのはキビレ！最初は半信半疑でしたが、本当に釣ることができて感動です。浜名湖で体験できるスリリングな釣り、皆さんもぜひチャレンジしてみてくださいね。

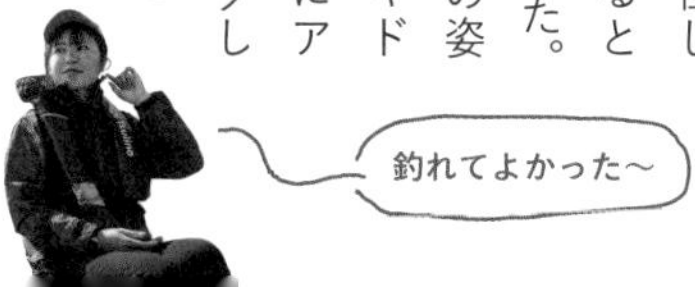

釣りの便利アイテム

エサ・魚編

釣りに必要な道具といえば竿や仕掛け、クーラーボックスなどいろいろありますが、ここではちょっとした場面で役に立つアイテムを紹介したいと思います。

イソメ切りバサミ

まずはエサを付ける時に使えるグッズから。「釣りをしてみたいけど、虫エサが気持ち悪くて触れない」という人にオススメなのが**イソメ切りバサミ**（イソメつかみ）です。ピンセット感覚でイソメをつかんだり切ったりして、触らずにハリを付けることができるので便利。噛まれる心配もありません。

イソメがニュルニュルしていてつかみにくい時は、**滑り止め用の粉**をかけてみてください。これをまぶすとぬめりが取れて、イソメをつかみやすくなりますよ。釣具店では「イソメの粉」や「ホタテ粉」という商品名で売られています。エサ付けがうまくなると、釣果も伸ばしやすくなるのでお試しあれ。

滑り止め用の粉

魚つかみ

フィッシュグリップ

エサだけでなく、生きた魚そのものを触るのも苦手という人は、**魚つかみ**（魚バサミ）を用意しましょう。ヒレやエラが硬い魚や毒魚が釣れた時なども、直接触ることなく持てます。大型の魚の場合は、アゴをつかむ**フィッシュグリップ**が大活躍。歯が鋭かったり、噛む力が強かったりする魚も安全に扱えます。持ち上げて写真を撮る時も見栄えよし！

魚にかかったハリを外す時は**フォーセップ**を使いましょう。先の細いハサミのような形状で、一旦はさむとロックされる作りになっています。口の小さな魚や針を飲まれてしまった時も簡単にハリが取り出せて重宝しますよ。

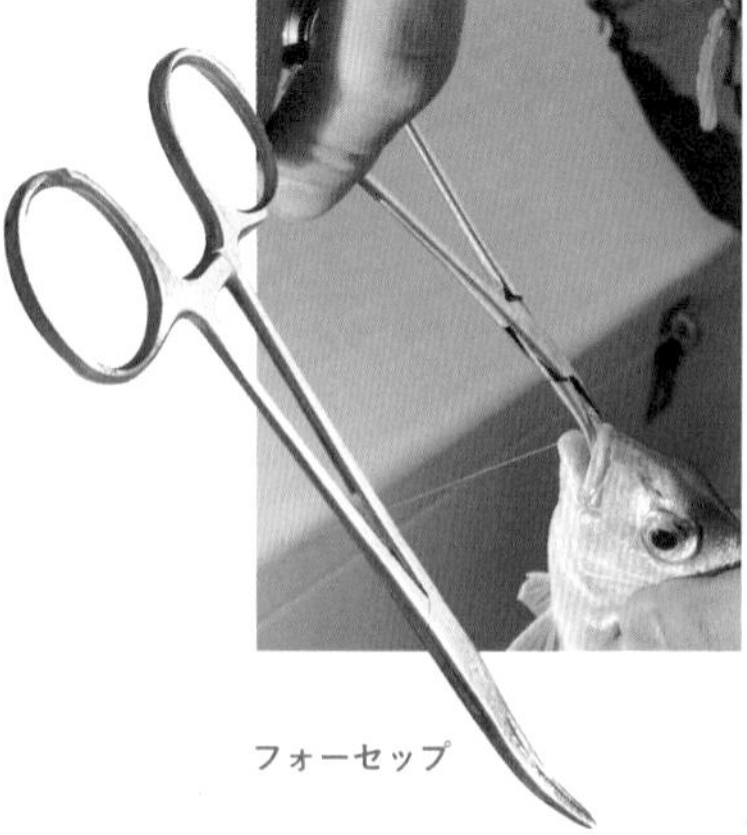

フォーセップ

中部

の前に広がるのは、日本一深い海・駿河湾。
りを満喫した後は、港町の散策に出かけましょう。

(5) 焼津港

タイプ／堤防　レベル／初級

海とふれあい 昼も夜も釣り三昧！

Yaizu

焼津港内にある親水広場ふぃしゅーなは、気軽に堤防釣りが楽しめる私も行きつけの釣り場です。日中はもちろん、タチウオの夜釣りも楽しめるんですよ。

親水広場ふぃしゅーな

芝生やタイドプールなどもある海辺の公園。フィッシングゾーンは柵やベンチ、救命用の浮き輪などが備わっていて、子連れも安心。釣魚はアジ、カマス、アオリイカ、クロダイ、シロギス、タチウオなど。

焼津市鰯ヶ島 136-28　☎ 054-628-3126（焼津漁港管理事務所）　㊖ 24時間　㊡なし　㊟無料

サビキ釣りでアジをゲット

焼津名物・魚河岸シャツ

まったりとした雰囲気がお気に入りの釣り場。休日はファミリーで賑わいます

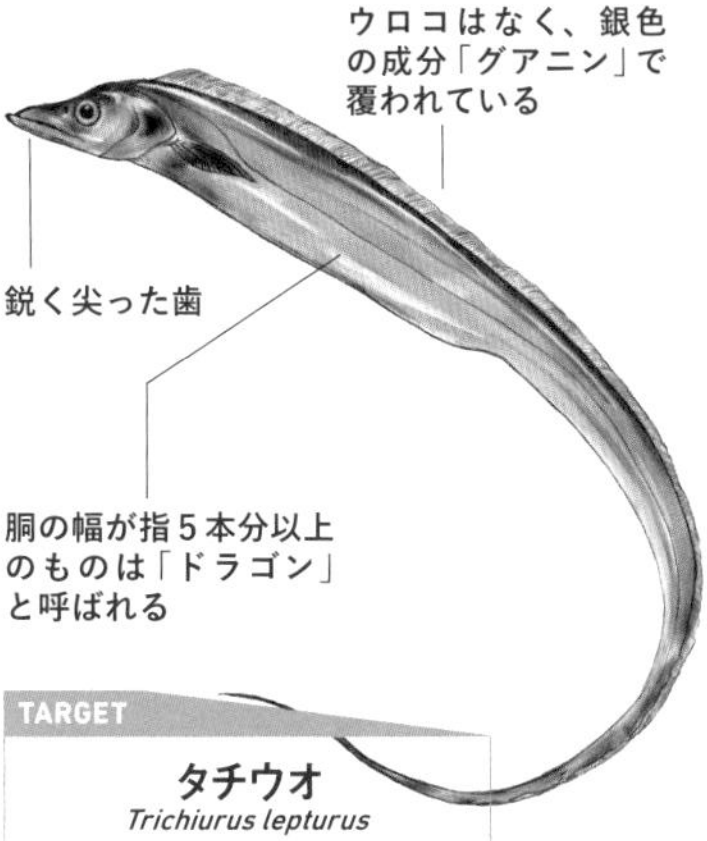

TARGET

タチウオ

Trichiurus lepturus

スズキ目サバ亜目タチウオ科

夜はタチウオも釣れちゃう公園

焼津は私にとって第二の故郷ともいえる港町。街全体に漂うノスタルジックな雰囲気が大好きで、今も活動の拠点にしています。特に焼津港内にある「親水広場ふぃしゅーな」は行きつけの釣り場で、サビキ釣りやちょい投げ、ルアー釣りなど、ふらっと出かけてはさまざまな釣りを楽しんでいます。

沖堤防に囲まれているから波は穏やか。無料の駐車場やトイレも完備されています。園内には磯遊びができる潮だまりがあって、釣りが苦手な小さな子どもも大満足。ボラの大群、ウミタナゴ、スズメダイ、イソガニなど、時間帯によってさまざまな生き物が観察できますよ。

さらに園内は24時間開放されていて、夜釣りが楽しめるのも大きな魅力！　なんと船釣りで人気のタチウオも、ふぃしゅーなら足元で釣ることができるんです。銀色に輝く長い体と鋭い歯はインパクト大で、釣れた時の喜びも格別。今回はそんなタチウオを、ライトな道具で気軽に釣る方法を紹介したいと思います。

夜行性のタチウオは夜明け前や日没前後に活性が上がり、岸に近づく小魚を追って港内に入ってきます。狙い目は夕方から朝にかけて。回遊性の魚なので港に回ってこないことには釣れませんが、時間帯によっては次々に釣れることもあり、その神出鬼没ぶりから「幽霊魚」とも呼ばれています。

タチウオ釣りでポピュラーなのは電気ウキを使った釣り方ですが、いろいろなパーツを取り付ける必要があってちょっと大変。そこで、オススメしたいのが水中ライトを使った釣り方です。ウキやオモリは使わず、水中ラ

銀色に輝く タチウオをゲット!

ギラギラと輝くタチウオ。釣れた時は感動です!

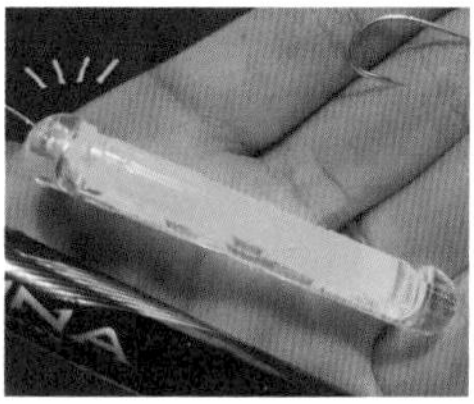
水中ライトとして手軽に使える「ケミホタル」

イトとエサの重みだけで落とし込んでいくので、警戒心が高いタチウオにも自然にアピールできます。

竿はトラウトロッドやライトルアーロッドなど感度が良い竿がオススメ。水中ライトは大きさや色など、さまざまな種類があって迷いますが、私がよく使うのは「ケミホタル」。パキッと折るだけで発光が始まるので便利です。付属のチューブに糸を通して、そこにケミホタルを差し込めばＯＫ。視認距離は50m、5時間は使えるのでちょっとした夜釣りにぴったりです。より強い光を使いたい時は、電池タイプの水中ライトを使うこともあります。

キビナゴをオモリ代わりにして釣る!

エサは市販のキビナゴを使用。イワシよりも身持ちが良く、アジに比べて体高もないので、エサを食べるのが下手といわれるタチウオの口にもぴったりです。カマスバリは軸が長いのでキビナゴが刺しやすく、管付きなのでハリスを結ぶのも簡単。ちなみに、私はスーパーでキビナゴが売られていたら、塩と砂糖をまぶして水分を抜き、冷凍していつでも釣りに行けるようにしています。

キビナゴは身切れしやすいので、ハリに付ける時は目刺がオススメ。ハリを片方の目から刺して、反対側から抜き、体の側面に差し込みます。準備ができたら海に向かって投げ、水中ライトを見ながら、仕掛けが沈んでいくスピードや水深をチェック。ある程度、沈んだら竿をアオってエサを持ち上げ、リールを巻いて糸ふけを取ります。

糸を出しすぎると、エサが沈み過ぎて根掛かりしやすくなるので気を付けて。沈んだら持ち上げるアクションを繰り

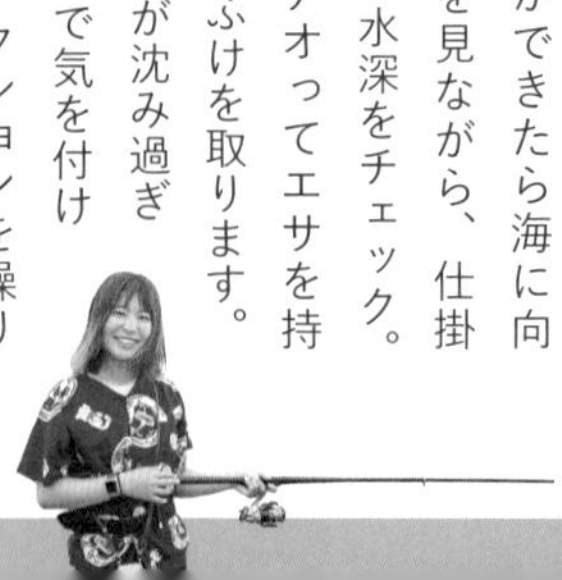

釣った魚をお造りや塩焼きに！

焼津 かく万／焼津市栄町 5-4-7　☎ 054-628-4088　㊖ 11：00 ～ 13：30、17：00 ～ 22：00　㊡水曜、第２火曜　¥調理代1100円（ごはん・みそ汁付き）

返しながら仕掛けを回収し、釣れなければ再び投げます。水面付近から中間層までの間をゆっくり漂わせるイメージで、エサを泳がせるのがコツです。

　タチウオのアタリは繊細で、「糸に重みを感じる」「糸が止まる」「竿先が震える」など感覚もさまざま。仕掛けが引っ張られていても、エサの先をかじっているだけで、ハリにはかかっていないこともあります。その場合は、すぐに竿をアオってフッキングするのではなく、ハリが掛かってグイグイと引っ張られるまで待つことも大切。ただ、ハリを飲ませすぎると鋭い歯でハリスが切られてしまうこともあって、この辺りの駆け引きは難しくもあり、面白いところでもあります。

釣りの後は…

釣った魚をプロの料理で味わいたいなら食事処の「かく万」へ。前日までに予約すれば、大将が釣れた魚に合った料理を作ってくれますよ。老舗なのにリーズナブルなランチもオススメです。

　それと釣り人にぜひ訪ねてほしいのが、浜当目にある「那《な》閉《へ》神社」。恵比須様（事代主）と大黒様（大国主）を祀る由緒ある神社で、魚の絵が織り込まれた「大漁釣り守り」が釣り好きの間で今、大人気なんですよ。アジやイカ、ヒラメなどさまざまな種類があるので、ぜひ釣りたい魚種を探して釣りのお供にしてくださいね！

那閉神社／焼津市浜当目 3-12-13　☎ 054-628-6049　㊖ 9：00 ～ 17：00　㊡なし

たくさん釣れますように

さまざまな魚があしらわれた大漁釣り守り（700円・1000円）

MEMO

焼津 タチウオ釣り

POINT

電気ウキの代わりにケミホタルを使った仕掛け。オモリは使わず、エサ（キビナゴ）の重さだけで仕掛けを沈めていく。

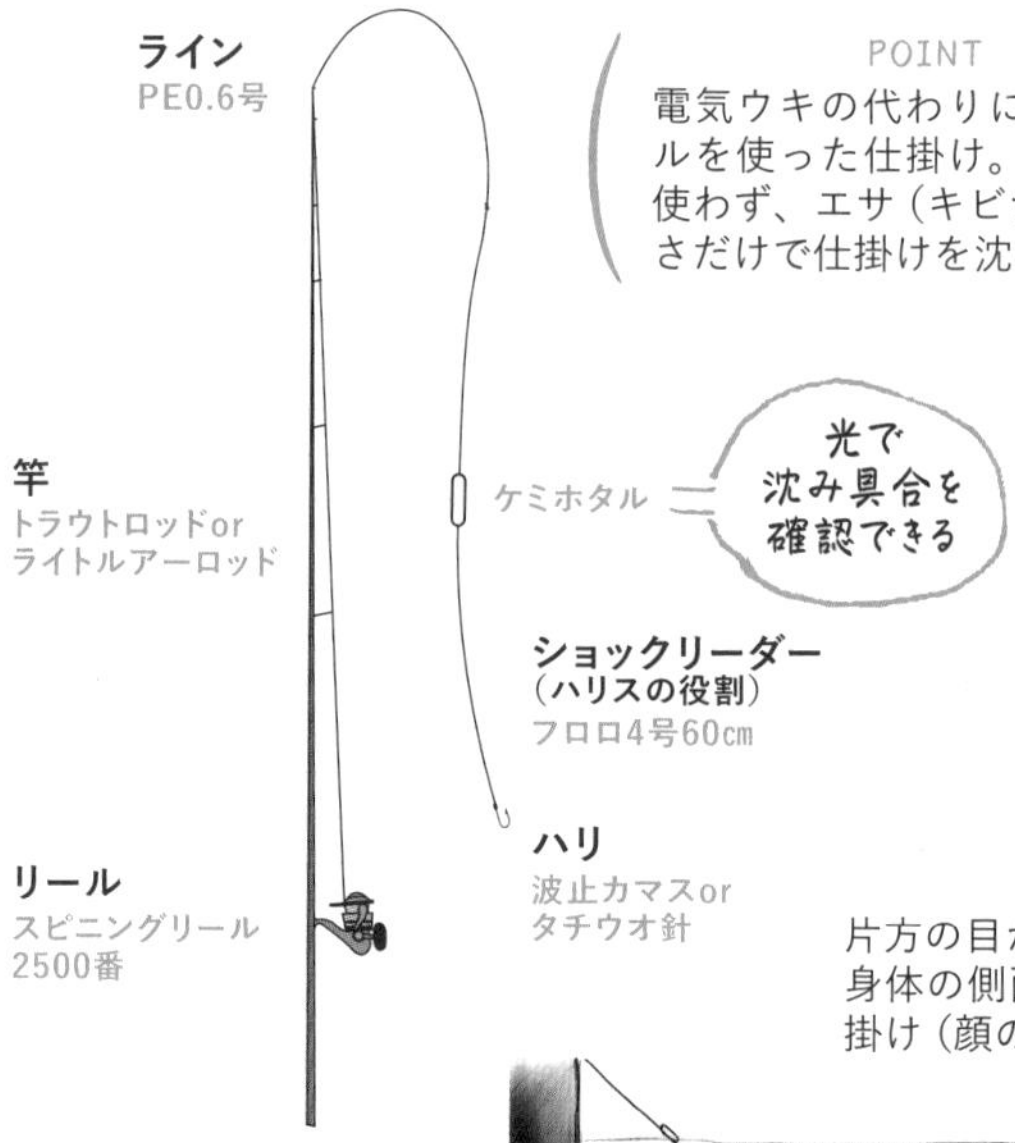

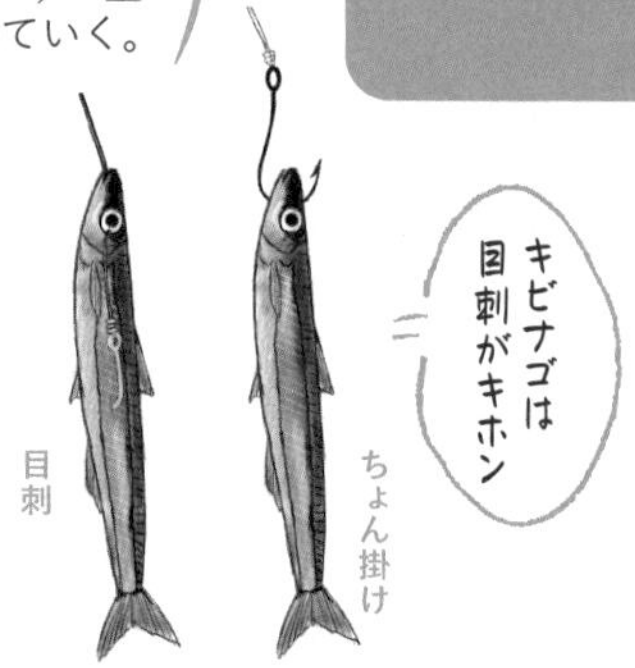

片方の目から針を刺して反対側の目から抜き、身体の側面に針を刺し込む。面倒ならちょん掛け（顔の硬いところに針を刺す）でもOK！

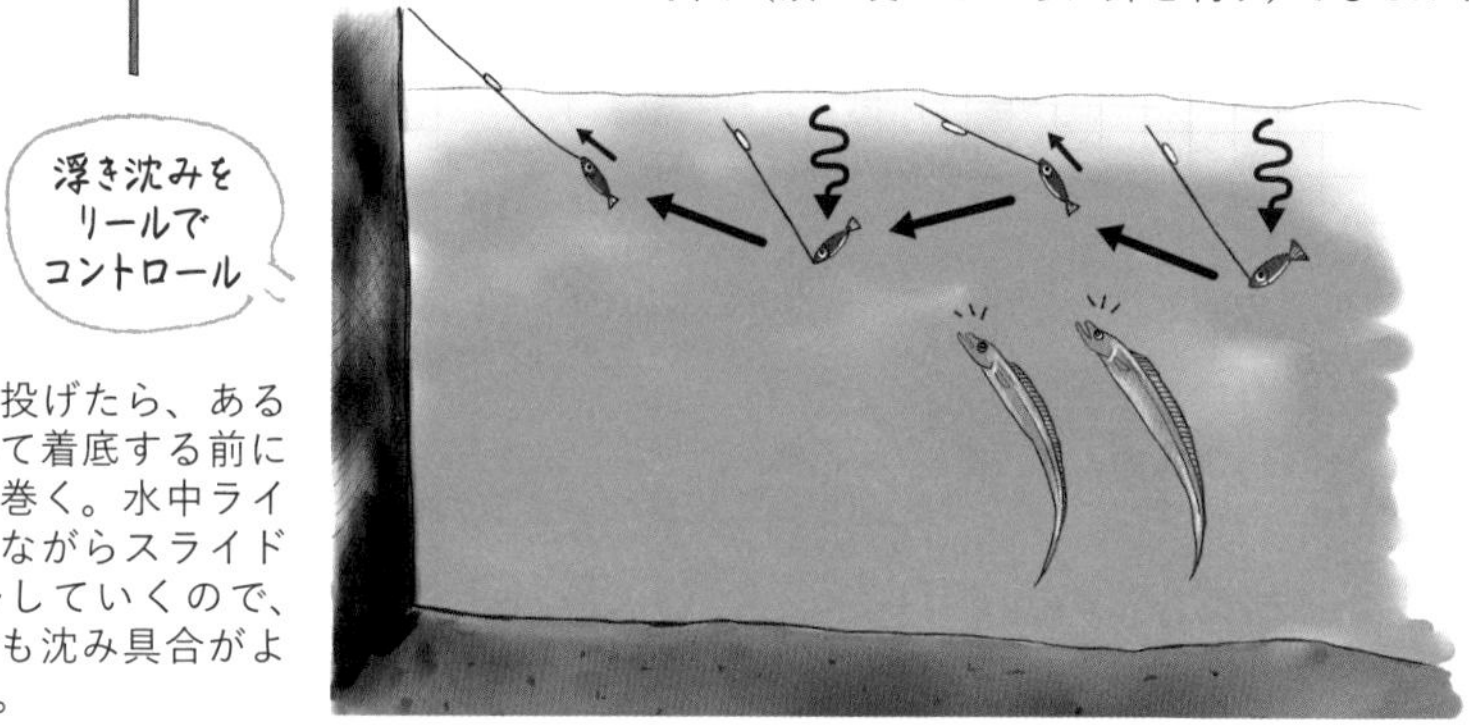

仕掛けを投げたら、ある程度沈めて着底する前にリールを巻く。水中ライトが光りながらスライドフォールしていくので、陸からでも沈み具合がよく分かる。

親水広場ふぃしゅーなMAP

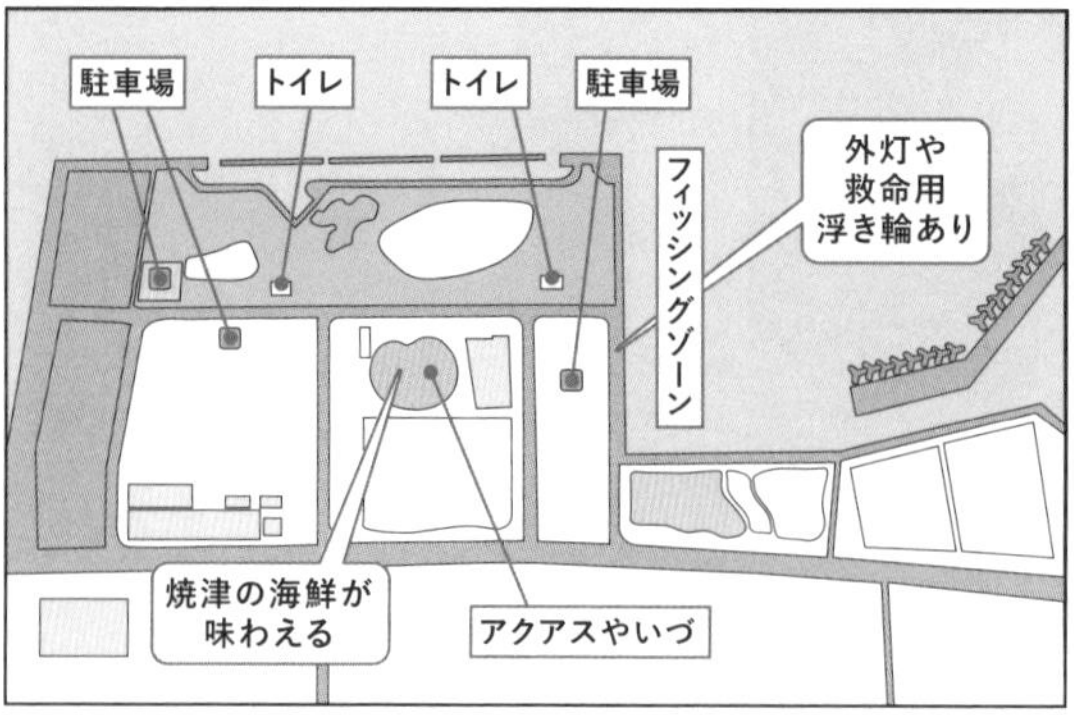

園内には恋人の聖地モニュメント「焼津ウェーブ&カツオベル」も

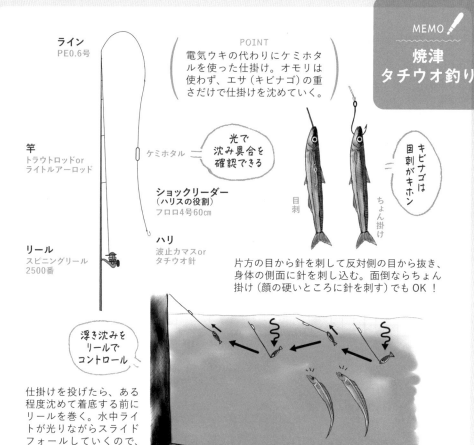

釣った魚で
簡単レシピ

Menu
炙りタチウオのレモンカルパッチョ

タチウオはウロコがないのでさばくのが楽！刺身はもちろん、焼いても煮ても揚げてもおいしい万能食材です。

〈作り方〉
1. タチウオは三枚おろしにし、皮目が硬いため、皮に小刻みに切れ目を入れておく。皮目をバーナーで炙ったら、一口大に切る
2. レモン（2/3 個）をスライスして皿に 5 枚敷く。その上に **1** とミニトマト、フリルレタスを盛り付ける
3. オリーブオイルをかけ、残りのレモンを絞る。塩・ブラックペッパーを振って完成

材料（2 人分）
・タチウオ（指 3 本）…半身
・ミニトマト…2 個
・フリルレタス…1 枚
・レモン…1 個
・オリーブオイル…大さじ 3
・塩・ブラックペッパー…適量

釣りに行ったら訪れたい　周辺スポット

TUNALABO

県内で水揚げされたビンナガマグロと駿河湾の深層水を使った 10 種類以上のツナが並んでいて、試食もできる。「無花果＆胡桃」（1566 円）はイチジクの甘みやクルミの歯応えがツナと相性抜群！／**焼津市本町 1-10-4　☎ 054-625-8408　㊇ 11：00 ～ 18：00　㊡月曜**

グリル SASAYA

地元の食材を使ったメニューが豊富で、焼津で有名な「深海魚おじさん」こと長兼丸の船長が獲った深海サメのカレーも味わえる。サメのフライはとってもやわらか。／**焼津市焼津 4-9-19　☎054-627-0234　㊇11:00～14:00（LO）、17：00 ～ 20：00（LO）　㊡水曜**

（6）用宗港

タイプ／堤防　レベル／初級

駿河湾を一望！のんびり探り釣り

Mochimune

用宗港の隣にある広野海岸公園は、駿河湾を一望できる堤防釣りスポット。港周辺はおしゃれなお店がたくさんあるので、釣りの後のお楽しみもいっぱいです。

広野海岸公園
（釣り専用護岸）

親水公園に併設されている護岸は足場が広く、高めの柵も設置されていてファミリーフィッシングにぴったり。主な釣魚はアジ、イワシ、カサゴ、メバル、クロダイ、カマス、スズメダイなど。

静岡市駿河区広野海岸通１
☎ 054-354-2184　㊢ 6：00～21：00（冬季は 20：00 まで）
㊡なし　駐無料

海沿いにある釣り専用護岸。目の前にはブロック帯あり

海賊船のような船の遊具が人気の公園

おしゃれな港町にある釣り護岸

用宗は近年、新しい商業施設が続々とオープンしている港町。道沿いには古い建物をリノベーションした飲食店や温泉施設、クラフトビール醸造所など、おしゃれなお店がいっぱいで、歩いているだけでワクワクした気持ちにさせてくれます。港近くの広野海岸公園には釣り専用護岸があるので、釣り人にとっても楽しいスポットです。

釣り場の目の前は、見渡す限りの駿河湾！足場が良くて高めの柵も付いているから、ファミリーフィッシングにもぴったりです。駐車場無料で、トイレも近くにあるから安心。ただ、沖には消波ブロック帯があり、海底にもゴツゴツした岩場があるので、投げ釣りをすると根掛かりしてしまう可能性もあります。

そこでオススメなのが、足元直下に仕掛けを落とす「探り釣り」。歩きながらポイントを変えて、カサゴ・メバル・ハタなど岸壁近くにいる魚を狙う釣り方です。使うのはハリスに複数の枝バリが付いている「胴付仕掛け」。これにオモリと生餌を付けて、堤防の際やブロックの隙間など、魚がいそうなポイントに送り込んでいきます。

針の数は1~3本がスタンダード。本数が多い方がたくさんエサが付けられて有利ですが、その分、ハリスが長くなって扱いが大変になりがちです。ビギナーの方は2本から始めるのがオススメですよ。

今回使った竿は振り出し竿にリールが付いたパックロッド。コンパクトにたためるので

顔やエラの周りにトゲがある

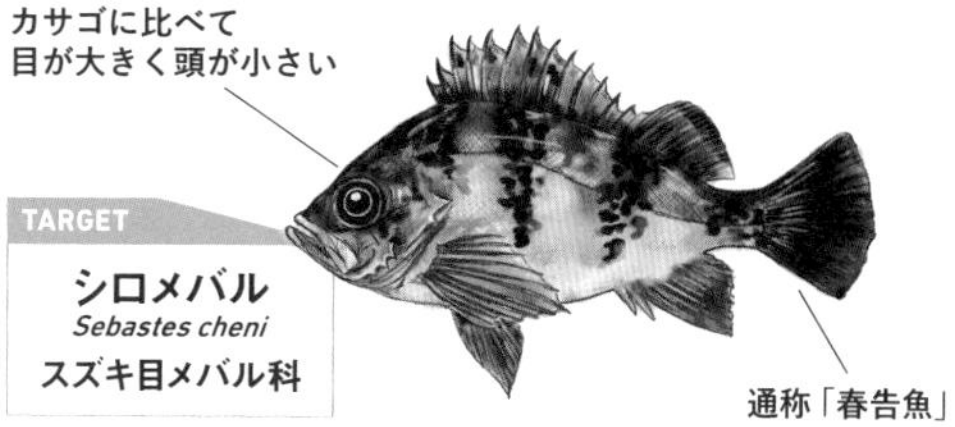

魚を探しながら海辺を歩くひととき

こまめに場所を変えながらポイントを探っていきます

振り出し式のパックロッドは持ち運びにも便利

ベラは幼少期はすべてメスで、成長すると性転換する魚

持ち運びに便利です。ナイロンのミチイトに仕掛けを付けて、一番下にオモリをセットしました。オモリが軽いと仕掛けが海底に着いたことが分かりにくく、潮にも流されやすくなるので、水深や潮の流れを見て重さを調節しましょう。

胴付仕掛けで岸壁沿いを狙う

枝バリにエサのアオイソメを付けたら、岸壁沿いに釣り糸を垂らして、オモリが底に着くまで糸を送ります。海底はゴツゴツしているので、オモリが下まで着いたら根掛かりしないよう、すぐにリールを巻いて海底から少し離します。次に竿を軽く上下に振って、魚たちにイソメをアピール。しばらく待っても反応がなければ、少しずつ移動して魚のいる場所を見極めます。消波ブロックの隙間などは狙い目ですが、深追いすると根掛かりするのでご注意を。ピクピクとしたアタリがあれば、ゆっくり竿を立ててリールを巻いていきましょう!

時期によってはクサフグなど、仕掛けを

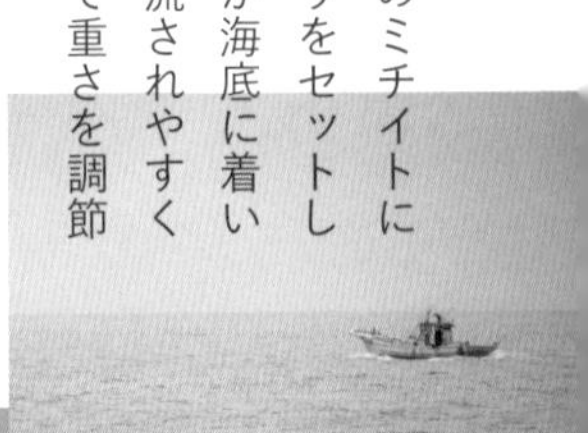

穏やかな風景も魅力です

朝から飲める

タップルーム上階はビアホテルに

WEST COAST BREWING

乾杯!

West Coast Brewing 用宗タップルーム／静岡市駿河区用宗 2-26-1　☎ 054-270-3083　㊫ 7：00 ～ 22：00　㊡不定（月 2 ～ 3 回）

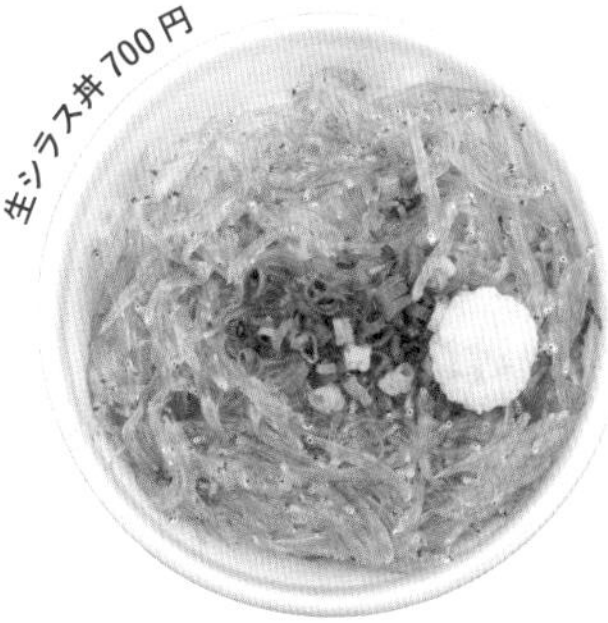
生シラス丼 700 円

切ってしまう魚もいるので仕掛けは多めに持参してください。カサゴやメバルといった根魚は鋭いヒレを持っているほか、毒を持ったハオコゼ、アイゴ、キタマクラが釣れることもあるので、魚をつかむフィッシュグリップも必須！危険な魚を釣ってしまった時も、やさしく海に返してあげてくださいね。

釣りの後は…　ぜひおしゃれな港町の散策も楽しんで。漁協直営の「どんぶりハウス」は港で水揚げされたシラスの丼が名物のお店で、特に「生シラス丼」は漁が行われた時にしか味わえないレアメニュー。シラスの甘みとしっかりとした食感が最高で、生姜、ネギとの相性も抜群です。

用宗丼 900 円

生シラス丼
いただきます！

漁協直営どんぶりハウス／静岡市駿河区用宗 2-18-1　☎ 054-256-6077　㊫ 11：00 ～ 14：00　㊡雨天時・1/15 ～ 3/20 の木曜

用宗といえば、クラフトビールのウエストコーストブルーイングも外せません。醸造所は用宗みなと温泉の隣にあり、向かいの直営タップルームではオリジナルビールや軽食が味わえます。館内には宿泊施設もあるので、車で移動する釣り人にとってはありがたいですね。

次はどこ
行こうかな

MEMO

用宗
探り釣り

POINT
堤防の際やブロックの隙間に隠れている肉食の魚を狙う仕掛け。根掛かりしないよう、オモリが底に着いたら少しリールを巻いて浮かせるのがコツ。

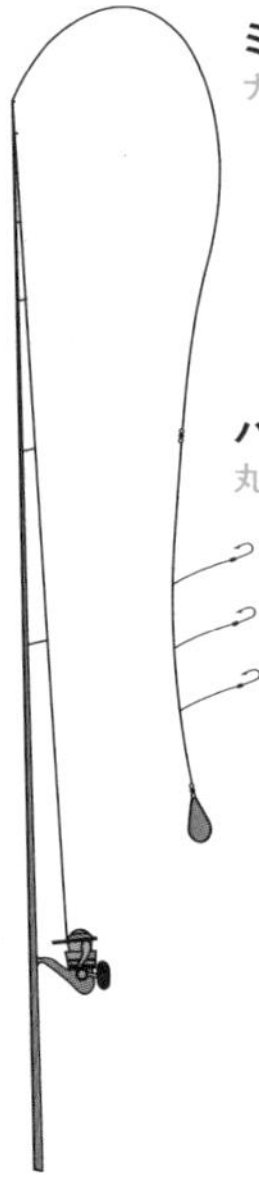

ハリの本数は
お好みで。
私は欲張りなので
3本（笑）

ビギナーは
リール付きの
セット竿から
スタート

根魚・カサゴ用の
仕掛けがオススメ

岸壁にいる
根魚などに
アピール

仕掛けを落としたら竿を上下に揺らして魚にアピールする。エサをこまめに付け替えるも忘れずに。

広野海岸公園 釣り専用護岸MAP

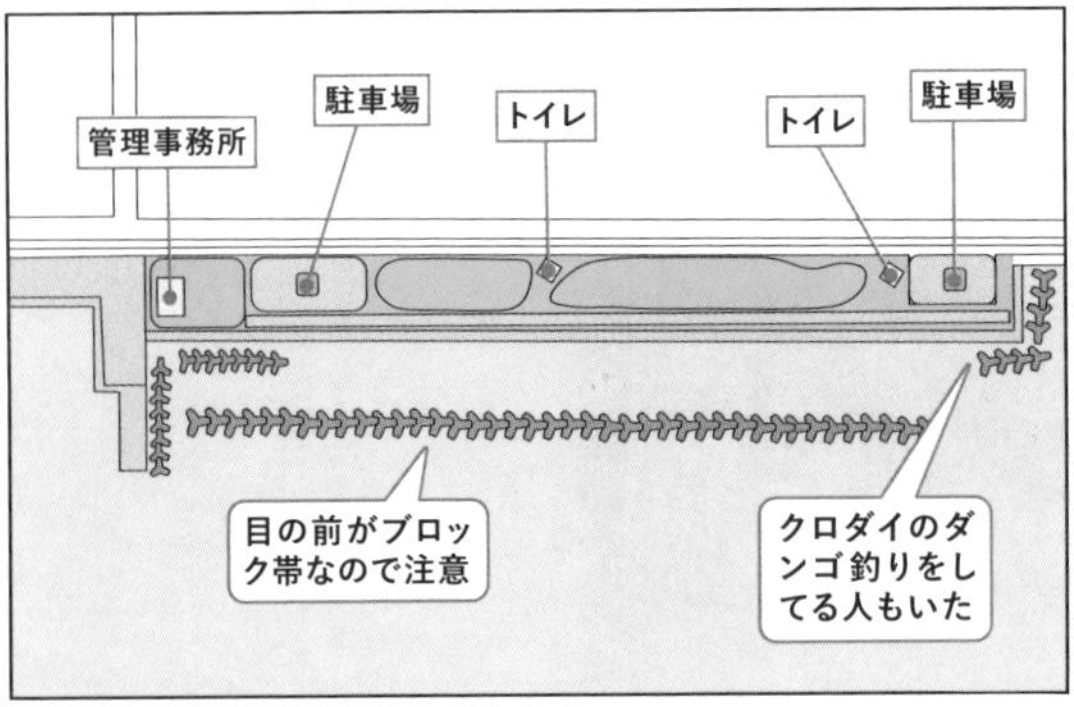

高草山も見える。
山の向こうは焼津！

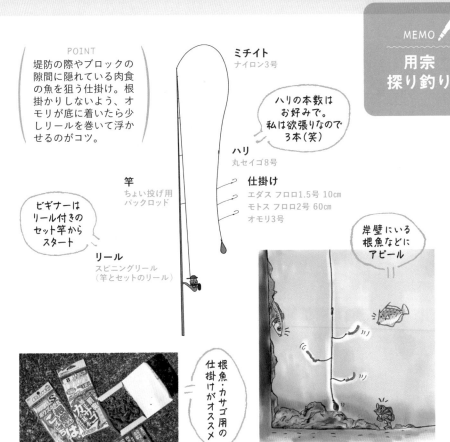

釣った魚で
簡単レシピ

材料（2 人分）

・カサゴ（20cm 程）…1 尾
・トマト…1 個
・ニンニク…1/2 片
・タマネギ…1/4 個
・塩・こしょう…適量
・オリーブオイル…大さじ 1

Menu
カサゴのトマトソース

〈作り方〉

1. カサゴは三枚おろしにして、身の方は皮を残して骨を抜く
2. ダシ用に頭は2つに割り、中骨、カマなどのアラに熱湯をかけて血や内臓、残ったウロコを洗い流す。100ml の水で約 20 分コトコトとアラを煮る。アラをザルで濾したらダシは完成
3. ニンニクを細かく刻み、タマネギはみじん切り、トマトは細かく切る
4. フライパンに刻んだニンニク、オリーブオイルを入れて熱する。タマネギを入れて甘みが出るまでゆっくり炒める
5. トマトと **2** のダシを入れて中火で煮込む。10 分経ったらフードプロセッサー（またはブレンダー）でスープをポタージュ状にし、目の細かいザルでスープを濾す
6. カサゴの身はフライパンでオリーブオイル（分量外）を引いて皮目から焼く
7. スープを敷いた皿にカサゴを乗せて完成

釣りに行ったら訪れたい　周辺スポット

大信

ところてんとスイーツが味わえる直売所。弾力と歯応えのあるところてんは、オリジナルの酢醤油でさっぱり味わえる。心太プリンは甘みがあるのに低カロリー！／**静岡市駿河区用宗 2-15-31　☎ 054-259-2234　㊊ 11：00 ～ 17：30（土・祝日は 10：00 ～）　㊡日・月曜、年末年始**

用宗みなと温泉

マグロ加工場をリノベーションした建物で、露天風呂からは富士山や港の風景が眺められる。美肌・保温効果があるといわれる弱アルカリ性の湯で、体の芯までぽかぽか。／**静岡市駿河区用宗 2-18-1　☎ 054-256-4126　㊊ 10：00 ～ 24：00（土日祝日 9：00 ～）　㊡なし**

(7) 清水港

タイプ／ボート　レベル／上級

清水ならではクロダイのカカリ釣り

Shimizu

クロダイのカカリ釣りは、港町の清水で昔から親しまれているご当地ならではの釣り。小舟に揺られて釣り糸を垂らすひとときは、何ともいえない風情があります。

原金つり船

巴川河口にあるクロダイのカカリ釣り専門の釣り船店。出船時間は季節により変動、釣り時間は午後3時まで。有料で竿のレンタルもあり。平日は前日まで、休日は前々日までに予約を。

静岡市清水区松井町3-3　☎0543-52-3065　㊂季節により変動　㊡8のつく日（土日祝日は営業）　㊎1人7370円、2人9790円、3人12210円（土日は1人8470円、2人11000円、3人13200円）、駐車代別途

船長の親船に引っ張られて折戸湾へ

カセを係留するコンクリートの杭、通称「プリン」

この日は午前5時半出航。時間は季節によって変わります

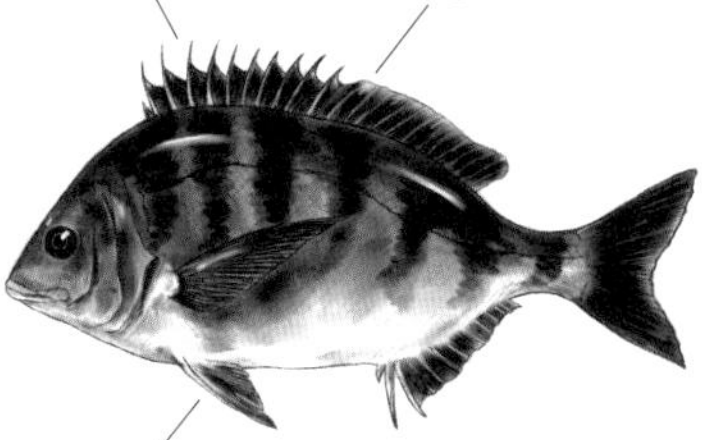
黒みがかった体
関西では「チヌ」という
50cmを超えるものは「年なし」と呼ばれる

TARGET

クロダイ

Acanthopagrus schlegelii

スズキ目タイ科

エサをダンゴで包み、足元を狙う

カカリ釣りとは、カセと呼ばれる小舟を港に係留し、足元直下の魚の狙う釣り方。清水では昔から、ダンゴ状にしたエサを海底に沈めてクロダイを狙う「ダンゴ釣り」が愛されてきました。そこで今回は、巴川河口にある原金つり船にお願いして、ご当地ならではのこの釣りにチャレンジしました。

同行してくれたのは、イシグロのロッドビルダーでカカリ釣り歴30年の曽根洋一さん。カカリ釣りはシーズン問わず楽しめますが、数を釣りたいなら夏・秋、「年なし」と呼ばれる50cmを超える大型を狙うなら冬が人気です。

私が訪れたのは6月中旬。出船30分前にお店に集まり、受付を済ませたら、カセに釣り具やエサの材料を運び入れます。カカリ釣りで使うのは、筏《いかだ》専用の竿とリール。筏竿はクロダイの繊細なアタリが取れるよう、細かなガイドがたくさん付いているのが特徴です。筏用リールはスプールが大きく、スムーズに仕掛けを落とせるようになっています。今回は大物とのやり取りもしやすい、ドラグ付きの片軸リールを使いました。

エサはオキアミ、サナギ、活きたモエビが主流ですが、なんとスイートコーンでも釣れるんです。ダンゴは集魚剤におからを混ぜるのが〝清水流〟。おからと砂利はお店にお願いすれば、有料で用意してくれます。

この日の釣り客は私達を入れて4組。カセは全長7ｍほどで定員3人、脇には生け簀が付いています。準備ができたら早速、出航！ カセは親船とロープでつながっていて、船長が折戸湾内まで引っ張ってくれます。ポイントの選定や杭にカセをつなぐ作業も船長にすべてお任せです。

＼ぬか床を作るイメージで材料を混ぜる／

ダンゴの作り方

①オカラを桶いっぱいに用意

②集魚剤を入れる

③海水を入れて混ぜる

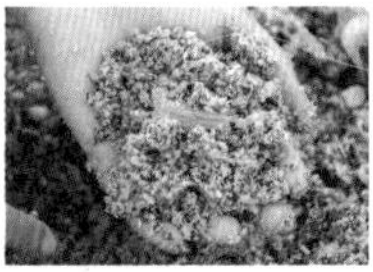

④ハリにエサを付けてダンゴの中に入れる

⑤おにぎりを作るように握る！

手づくりのダンゴをクロダイにプレゼント

ダンゴが割れないようにそっと落とします

仕掛けが底に着いたらマーカーで印をつけておくと便利

コツは仕掛けを浮かせないこと

係留作業が終わったら、ダンゴ作りに取り掛かります。おからと集魚剤を桶に入れて混ぜ、海水を加えてこね回します。ハンバーグのタネぐらいの硬さになったら、エサを付けたハリを中に入れて団子状にこねこね。おにぎりを作るイメージでしっかりと握り固めます。

このダンゴはエサを海に沈めている途中で、他の魚に食べられないようにするためのもの。集魚剤を混ぜているので、クロダイを呼び寄せる効果もあります。仕掛けができたら、ダンゴが割れないようにそっと海へ投入。垂れていた竿の穂先がふわっと元に戻ったら、底でダンゴが割れた証拠です。ダンゴを打つたびに底取りするのは面倒なので、仕掛けが底に着いたら手元近くのミチイトにペンで色を付けておきます。

もし、沈んでいる途中でダンゴが壊れた時は、糸が出ていかなくなるので要注意。ダンゴが崩れやすい時は、握る回数を増やします。魚についばまれて割れてしまうなら、粘りの

曽根さんに教わり、良型のクロダイをゲット！

お昼になると船長が店屋物を持ってきてくれる！

ジューシーでやわらかなカツ丼。もちろん出来たて！

強い集魚剤や石粉（ベントナイト）を加えるのも有効です。水深が高くて沈下スピードが遅い場合は砂利を入れることもあります。

待つ時は仕掛けを浮かさず、底から離さないこと。クロダイは本アタリの前に「穂先がもぞもぞ動く」「コツンとした感触がある」などの前アタリがあります。穂先が曲がって戻らなくなれば、本アタリの合図。この違いを見極め、本アタリ時にアワせるとハリにしっかりかけることができます。でも、これがなかなか難しく、私はアタリがくると焦ってアワせてしまうので、せっかくのチャンスを何度も逃してしまう羽目に。

海でカツ丼の出前!?

ひたすらダンゴを握っては打ち続けること数時間。正午近くになると、船長の船がこちらに近づいてきました。そう！実は出航前に店屋物を注文しておくと、お昼に船長が届けにきてくれるんです。私が頼んだのは一番人気のカツ丼♪三保の風景や富士山を眺めながらのランチタイムで一息つきます。

「魚の活性が高い時は、エサを動かしてみるのもいいよ」という曽根さんからの助言もあり、再開後は仕掛けにオモリを付けて誘うアクションを入れてみました。このオモリは、誘う時にエサが浮かないようにするためのもの。潮の流れを見つつ、オモリを1号重くしたりガン玉に変えたりと試行錯誤した結果、ようやく40cm弱のクロダイを釣ることができました！

カカリ釣りはその日、その時間帯の状況によって、エサの付け方やダンゴの握り方が変わります。ちょっと玄人向きですが、地元ならではの釣りの奥深さを体験できた1日でした。

船上カツ丼

教えてくれた人

曽根洋一さん
イシグロ静岡中吉田店タックルオフ工房長。数々のロッド制作を手掛け「曽根マイスター」の異名を持つ

MEMO

清水 カカリ釣り

POINT

カカリ釣り用のリールには片軸と両軸の2種類がある。ビギナーは扱いやすいドラグ付きの片軸リールがオススメ。

エサをダンゴに包むことで、エサ取りを避けながらクロダイのいるタナまで仕掛けを送り込む。

チヌパワースペシャル MP…1/3 桶
チヌスパイス…1/3 桶
荒びきさなぎ…1/3 桶
活さなぎミンチ激荒…2 袋
※深場のポイントの場合は、比重のあるベースエサを多めに配合したり、砂利を混ぜることで沈下スピードを速めたりすると効果的

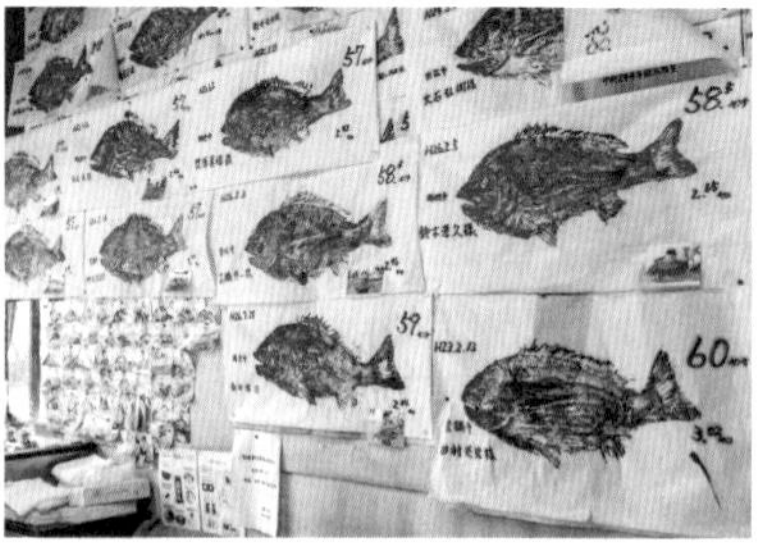

原金つり船には魚拓がびっしり！

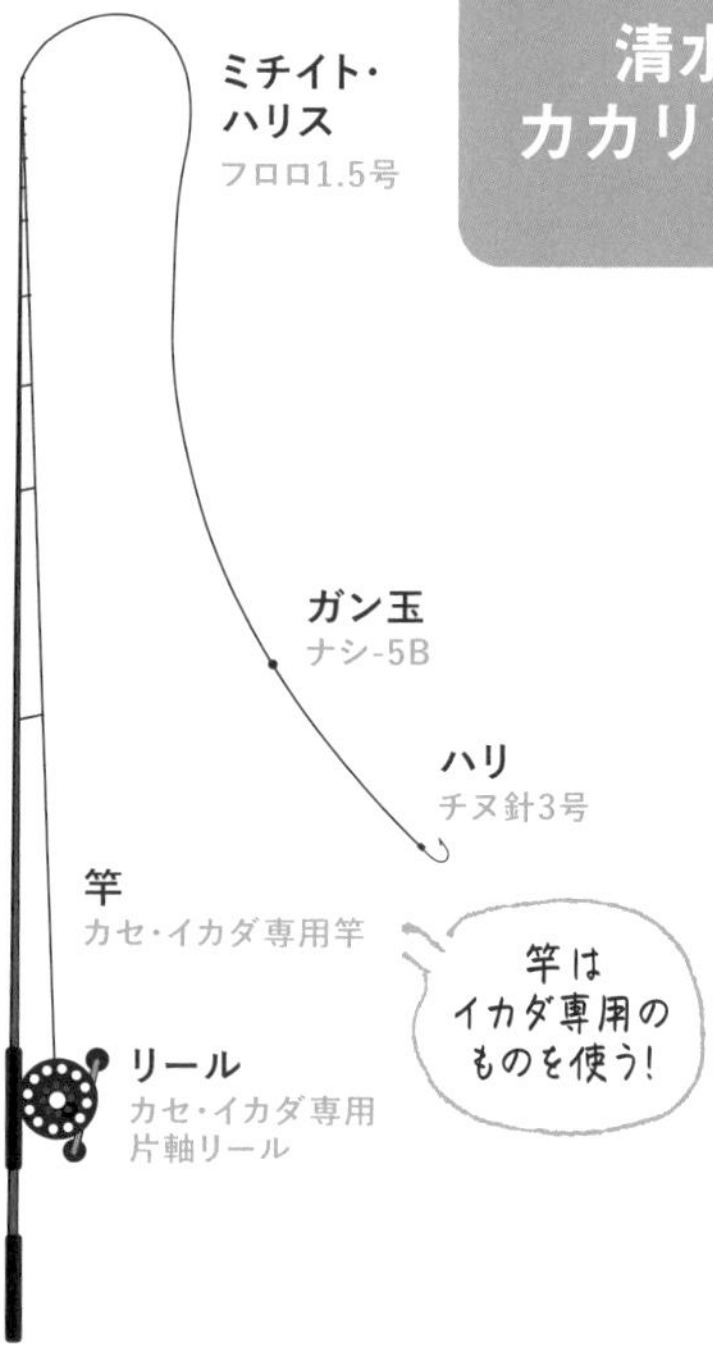

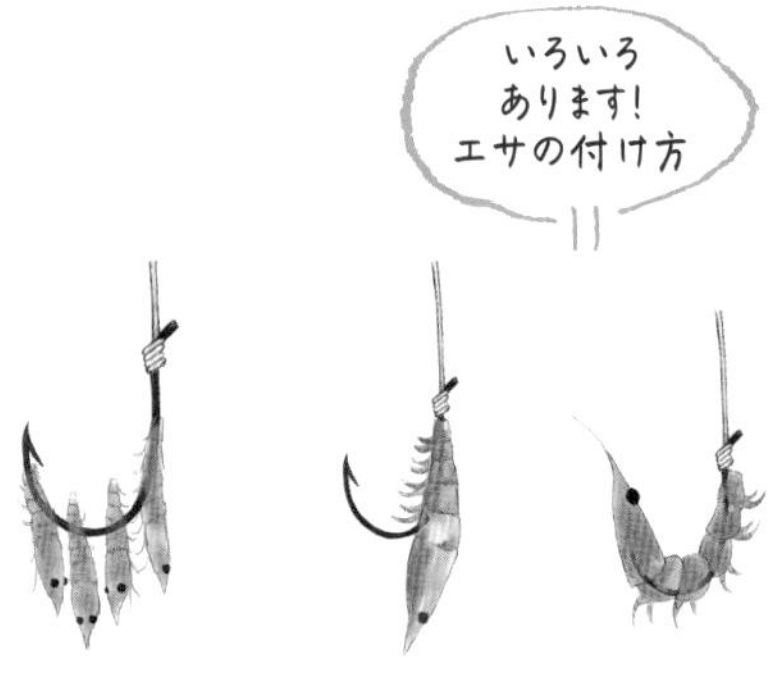

大粒アミエビ房掛け　オキアミ腹掛け　オキアミ背掛け

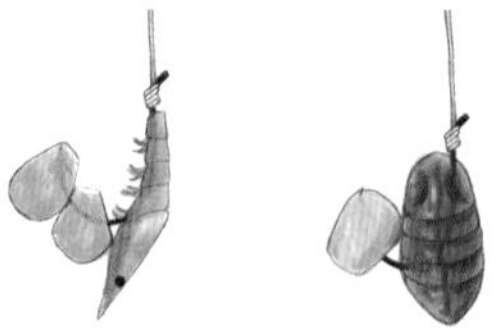

オキアミ&コーン　コーン&サナギ

釣った魚で
簡単レシピ

Menu

クロダイとタケノコのパスタ

クセの少ないクロダイはオリーブオイルとの相性も抜群。ふわふわの身は歯ごたえの良いタケノコにマッチします。

〈作り方〉

1. クロダイは三枚おろしにして皮をひき一口大に切る

2. フライパンにオリーブオイルを入れ、みじん切りしたニンニクと鷹の爪を香りが出るまで温める

3. みじん切りにしたタマネギを入れ甘みを出す。アスパラガスは根本を切り落とし1㎝大に切り、一緒に炒める

4. タケノコを薄切りにし、一緒に炒める

5. 茹でたパスタを加え、塩・こしょうで味を調える

材料（2人分）

- クロダイ（30㎝程）…1尾
- タケノコ…120g
- アスパラガス…4本
- 鷹の爪…1本
- タマネギ…1/8個
- ニンニク…1片
- オリーブオイル…適量
- 塩・こしょう…適量
- パスタ…200g

釣りに行ったら訪れたい　周辺スポット

清水魚市場 河岸の市

清水周辺の鮮魚や干物などが並ぶ市場。事務所にお願いすれば釣った魚を発送することもできる。別館には名物のマグロが堪能できるレストランも。／**静岡市清水区島崎町149　☎054-355-3575　㊂9：30～17：30（いちば館）　㊡水曜**

高田アイス

清水銀座商店街にある老舗で、クラッシュした氷入りのソフトクリームはシャリッとした舌触り。爽やかな甘さとさっぱりした後味は、釣りで火照った体を癒やしてくれる。／**静岡市清水区銀座1-8　☎054-366-5354　㊂11：00～17：00　㊡火・水曜**

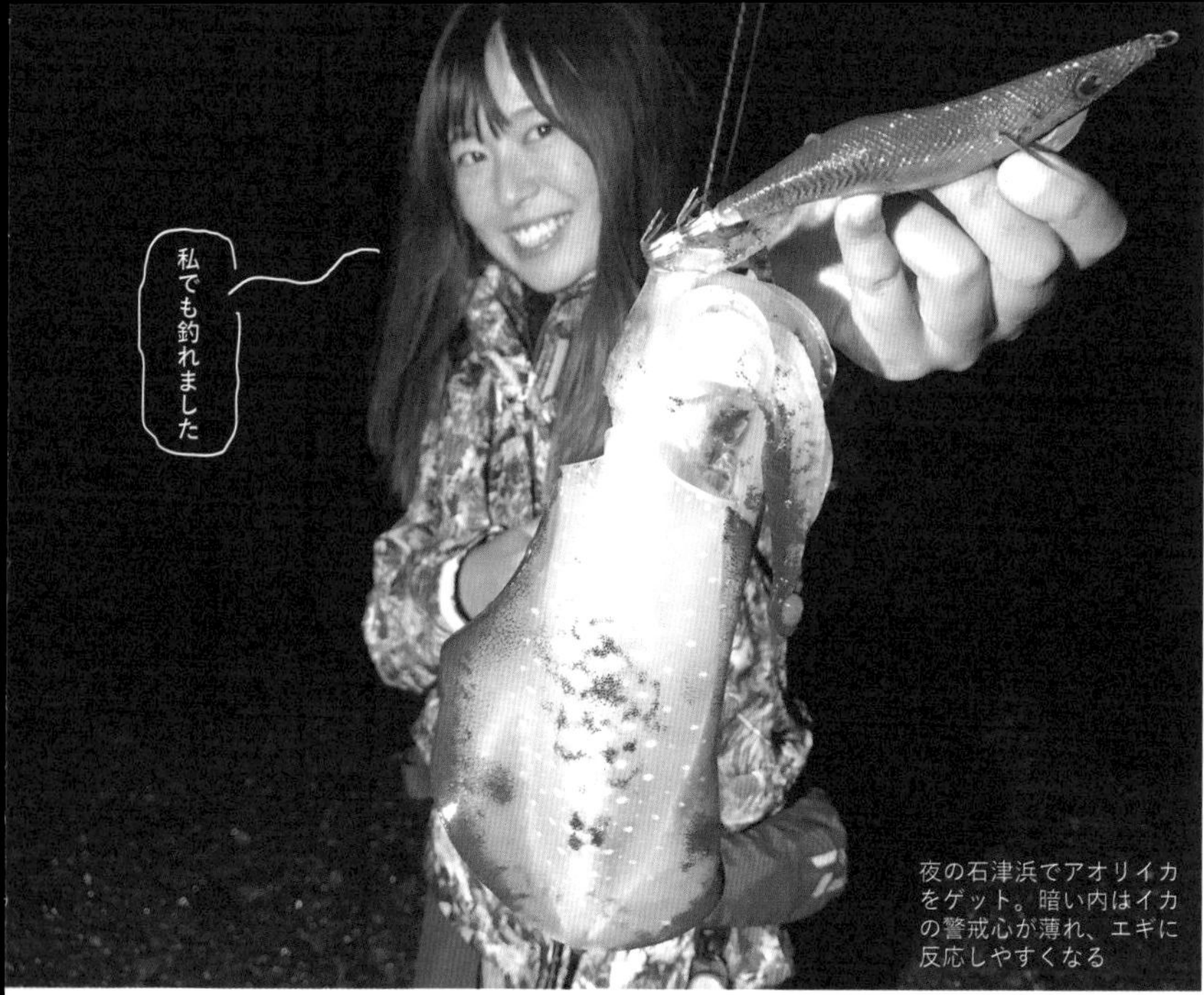

夜の石津浜でアオリイカをゲット。暗い内はイカの警戒心が薄れ、エギに反応しやすくなる

Column

石津浜で人気！エギングのススメ

焼津の石津浜はショアジギングで人気のスポット。その名の通り、浜が小さな石で覆われているのが特徴的なサーフです。近くにトイレがあり、遊歩道が整備されているので移動も便利。日中、天気の良い日は富士山も眺められます。

そんな石津浜で春・秋によく釣れるのがアオリイカ。急深で潮通しが良く、かけ上がりが何カ所もあるため、イカが付きやすい地形になっています。

春は産卵の季節のため、大型のアオリイカが接岸してきます。この時期のイカは警戒心が強いため、底付近を狙うのがセオリー。一方、秋はその年の春に生まれた新子がターゲットのため、大きさはない反面、数が釣れます。新子は好奇心と食欲が旺盛なので、春よりは釣りやすく初心者にオススメです。

エギには下地の色と、それを覆う布の色の組み合わせによって、さまざまなバリエーションがあります。どれを使えばいいのか迷いますが、私はいつも目立つ色（オレンジやピンク）、アピール系、ナチュラル系の3種を用意。石津浜の釣りは飛距離が欲しいので、春・秋ともに3・5号のエギを遠投して、いろいろな場所の水深を探ります。

エギングロッドがない人は、シーバスロッドでも代用可能。基本はロッドをシャクってエギを浮かせ、沈んだら再びシャクって……というアクションの繰り返しです。まずはエギが着水してから底に着くまでの秒数をカウントし、釣り場の水深を把握。着底までの時間が分かったら、あとはカウントを取りながら、

エギは漢字で書くと「餌木」。もともとは漁師が使っていたイカを釣るための木製漁具に由来する

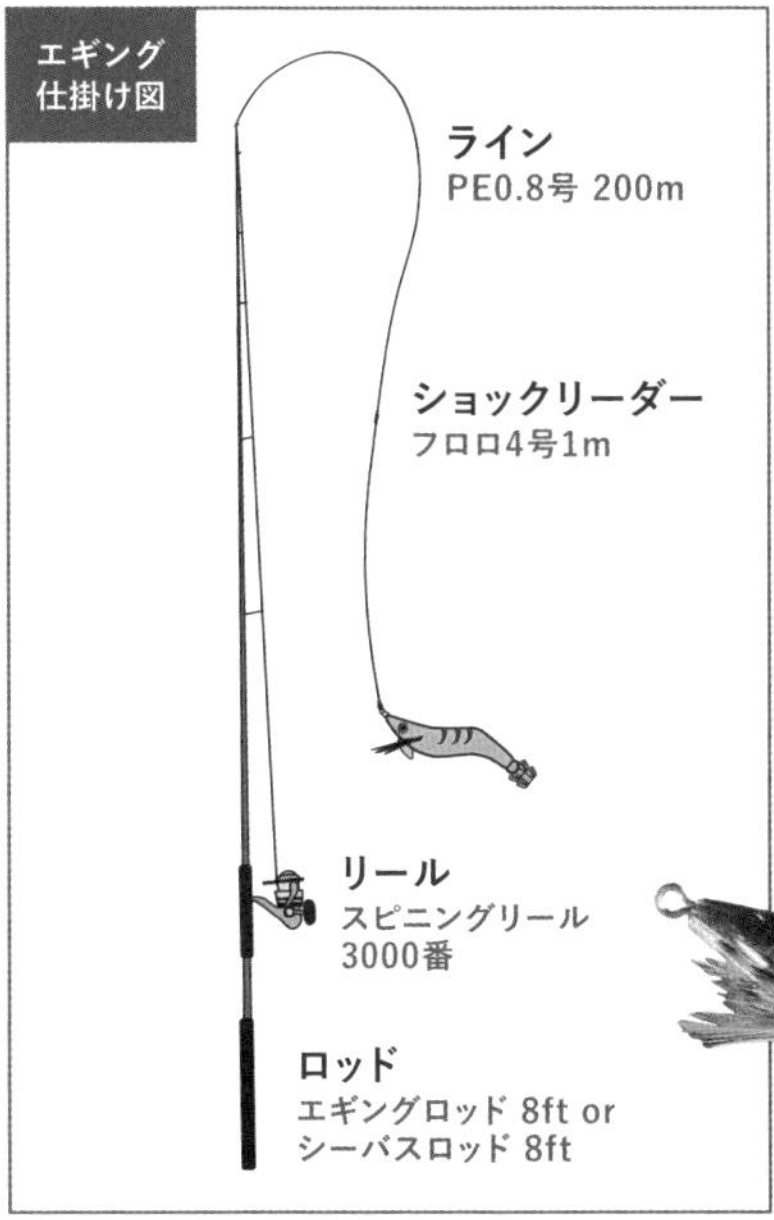

アオリイカは性別によって背中の模様が違う（線状がオスで点状がメス）

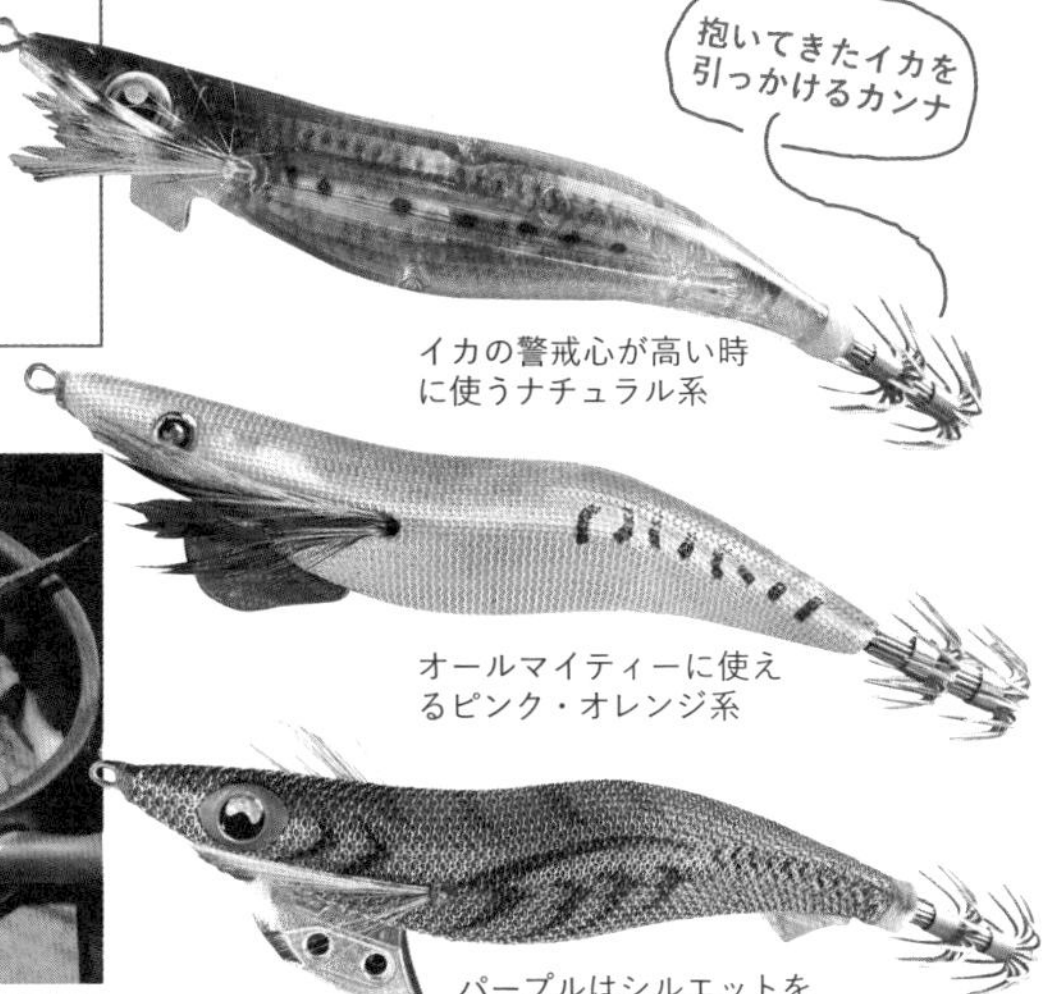

イカの警戒心が高い時に使うナチュラル系

オールマイティーに使えるピンク・オレンジ系

パープルはシルエットを大きく見せる

釣ったアオリイカはアヒージョに。作り方はP31と同じ

底に着く間際にシャクリを入れます。エギが沈んでいる最中にイカがエギを抱くことが多いので、しっかりとカウントを取るのがコツです。

　長いカウントを取るのが苦手な人は、エギを投げて着水したら10秒数え、3回シャクり、5秒待ったらまたシャクる……といった単純なやり方をしてみてください。私も秋の活性が高い時期に、この方法で釣ることができました。

　ちなみに、石津浜には岸付近に定置網が設置されている場所（黄色いブイが目印）があるので、遠投する時は引っかからないように注意してください。アオリイカは重要な水産資源なので、県内にはエギングが禁止されている場所もあります。事前に確認して、海に優しい釣りライフを楽しんでくださいね。

Column

三保半島で体験！SUPフィッシング

「SUPフィッシング」をご存じですか？文字通り、SUP（スタンドアップパドルボード）に乗って魚を釣るという、新しい釣りのスタイルです。特に静岡市の三保内浜海岸は近年、SUPの人気スポットになっていて、釣りとセットで楽しむ人も増えています。

主なターゲットはアジやワラサ、タイ、クロダイなど。水上を移動できるSUPの機動力を生かせば、テトラポットの隙間の根魚も狙えます。ロケーションも抜群で、天気の良い日は富士山が目の前に！体を動かしながら楽しめるのでリフレッシュしたい時にぴったりです。

私のSUPの師匠は、三保半島で教室も開いているインストラクターの植田めぐみさん。SUPを楽しむにはいろいろな注意点やマナーがあるので、初心者は専門家のレクチャーを受けるのがオススメです。

SUPは一見、サーフボードに似ていますが、横幅が広めに作られているので横転しにくくなっています。空気を入れて膨らませるので収納性も高く、簡単に持ち運べるのも特長。気室が3つあるタイプは安定感抜群で、ハリや魚のトゲが刺さっても空気がすべて抜け切らないので安心です。

服装はラッシュガードにレギンス・海パン、靴はマリンシューズなど（冬はウエットスーツ推奨！）。もちろんライフジャケットも着用します。釣り具は水没しないよう、道具をボックスに入れてゴムで固定。竿やプライヤーにもコードを付けてSUPとつなぎます。さらに自分

「SUP」は、Stand Up Paddle board の略。ボードの上に立ってパドルを漕ぐアクティビティー

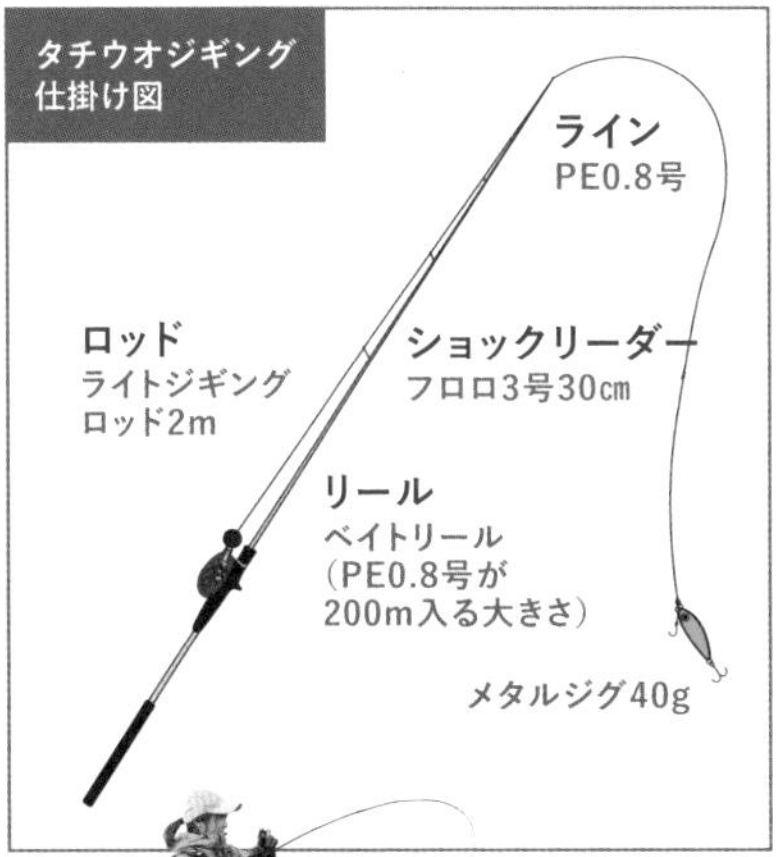

SUP のライトジギングでタチウオをゲット！

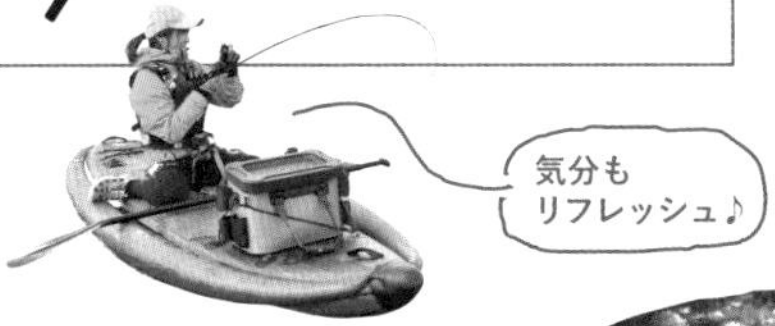

SUP インストラクターの植田めぐみさんは大の釣り好き。県内各地で SUP レクチャーも開催している。申し込みは Instagram ／ mushphoto まで

三保内浜海岸の近くにある「バイファール静岡三保店」。カヤックや SUP、ライフジャケットが購入・レンタルできる

SUP を漕ぎながらポイントを探る

の足首にもリーシュコードをつないだら準備完了。パドルを使って、浜から漕ぎ出していきます。

ＳＵＰは立って漕ぐと思いがちですが、釣りの場合は立たなくてＯＫ。正座のように膝をつく座り方が最も安定します。釣りの合間は周囲の状況を確認して、自力で浜に戻れるぐらいの距離感を保つことが大切。船が近くを通った後は波が高くなるので、ＳＵＰを波に対して真正面に向けて揺れを最小限に抑えます。

夏のイメージが強いＳＵＰですが、大物が狙える冬は一味違った楽しみがあります。大きな魚がかかった時は、海を走るような感覚が味わえるのも醍醐味。ルアーやちょい投げ、泳がせ釣りなど、自分のスタイルでぜひ挑戦してみてください。

三浦愛がレクチャー
船釣りQ&A

船釣りというと、何となくベテラン向けのイメージがありませんか？そんな先入観を払拭したくて、私は2018年から焼津で「船釣り教室」を開いています。ここではよくある疑問にお答えしつつ、教室の様子をお伝えします！

Q1 船釣りってどんな釣り？

港から船に乗り、沖に出て釣りをすることを船釣り（沖釣り）といいます。事前に釣り船店で予約し、当日の指定時間になったら港へ行って、船に乗り込みます。乗船プランには「乗合」と「仕立て」の2タイプがあり、予約の際に聞かれることも多いので覚えておきましょう。

乗合　ほかの釣り客と同じ船に乗るプラン。店が日時を決めて予約者を募る。リーズナブルな反面、定員に満たないと出船中止になる場合も。

仕立て　自分たちだけで船を貸し切るプラン。他人を気にせず、仲間内で楽しめるのが魅力。店ごとに最低参加人数が決まっていることが多い。

Q2 どんな魅力があるの？

A おかっぱり（陸地）の釣りとは違って、魚がいるポイントまで船で自由に移動できるのが一番の強み。海を知り尽くした船長が釣り場を選定するので、堤防釣りではお目にかかれない魚に出合えます。もちろん、船の上から見える景色も最高。非日常感を味わえるのが魅力です。

Q3 初心者でも大丈夫？

A 魚のいる場所を狙うので、とにかく何か釣りたい初心者には特にオススメ！分からないことは船長や乗り子（同乗スタッフ）の方に聞けば答えてくれるので、釣りの上達にもつながります。ほとんどの釣り船店には釣り具のレンタルサービスもありますよ。

Q4 船酔いが心配なんだけど…

A 船に乗る前の対策は「前日によく眠る」「朝ご飯をしっかり食べる」「強炭酸水を飲む」など。酔い止め薬を飲むとのどが渇くので、飲み物を2ℓ以上持参しましょう。乗船中に酔った後でも酔い止め薬が効く場合もあります。

駿河湾で五目釣り！
船釣り教室レポート

2022年
10月22日
／焼津沖

1 集合

参加希望者は事前に申し込みをして、当日、指定された場所に集合します。この日は大井川港に午前9時集合。来た人から乗船名簿に住所・名前・緊急連絡先（自宅など）を記入します。ライフジャケットをレンタルする方はここで渡すので、乗船前までに身に付けましょう。出船時刻になったら船に乗り込んで出発！

2 出港

釣りのポイントは当日の天候や海の状況を見極めて、船長が決めてくれます。大体10分ほどで到着するので、それまでに仕掛けを準備。この日はターゲットの魚を決めず、いろいろな魚が釣れる五目釣りの仕掛け(左図)でチャレンジします。

釣り教室の船長
勝利丸・蒔田城一さん

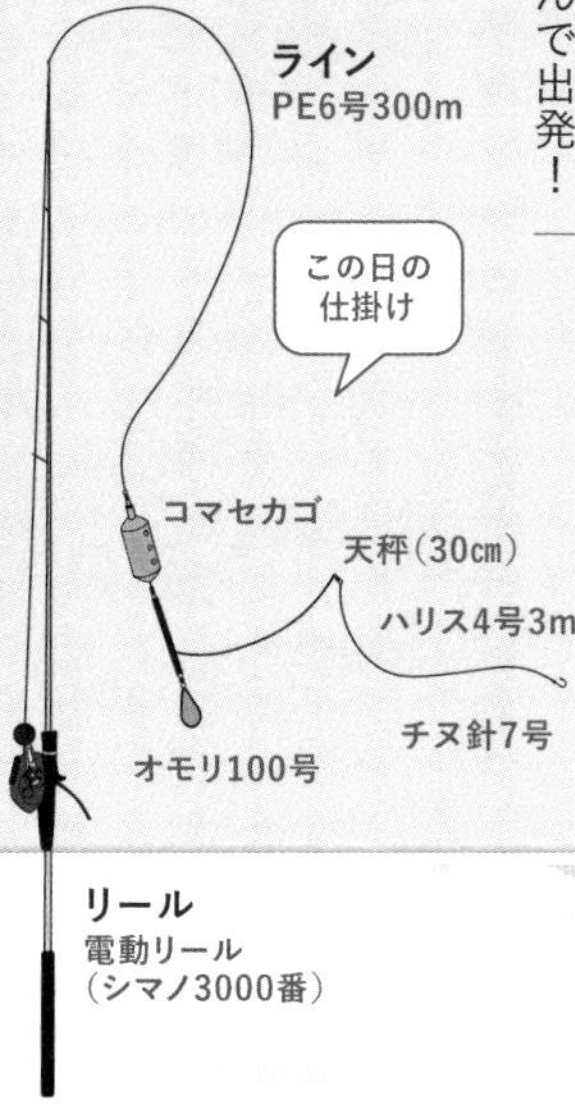

ポイントに着くまでに竿を準備

3 仕掛けを落とす

まずはオキアミをコマセカゴに入れて、ハリにもオキアミを付けます。準備ができたら仕掛けを海に投入。投げ入れるとせっかく付けたエサが外れてしまうので、まずは天秤をゆっくり海に落とし、その後に仕掛けを落とします。

仕掛けを落とすと、糸が自動的に出ていくので、サミング（リールの糸を軽く親指で押さえること）しながら、仕掛けが底に着くまで待ちます。指で押さえないと、リールが空回りして糸が絡む原因になるので要注意。

カゴにコマセを詰める

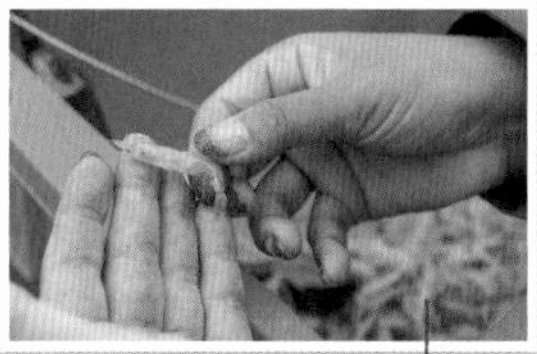

ハリにオキアミを付ける

仕掛けをゆっくり海へ投入

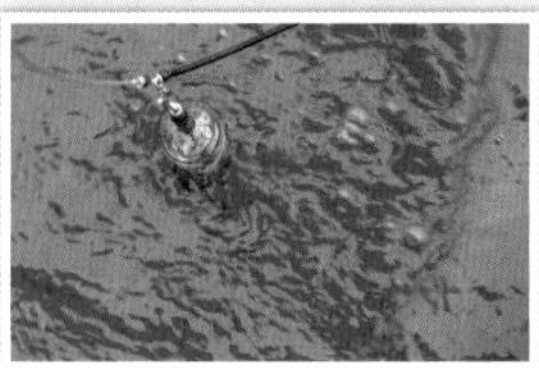

天秤＆カゴから落とすと糸が絡みにくい

初心者でもいろいろな魚にたくさん出合える。それが船釣りの魅力です！

4 タナを合わせる

底まで届くと竿がふわっと持ち上がるので、糸を巻いて仕掛けを少し浮かせます。すると船長から「今、28m。底に着いたら5m上げて」という指示が。船釣りの場合、このように船長からタナの指示があるので、それに従ってリールを5m分巻きます。巻いたら海中の仕掛けを引っ張り上げるイメージで、竿を2〜3度アオります。これはカゴに入れたコマセを海中にばらまくための動作で、「シャクる」ともいわれます。

指示ダナに到達したら竿をシャクる

教室にやってくる方は初心者から愛好者までさまざま。いろいろな人が同じ船に乗るのも船釣りの面白いところです

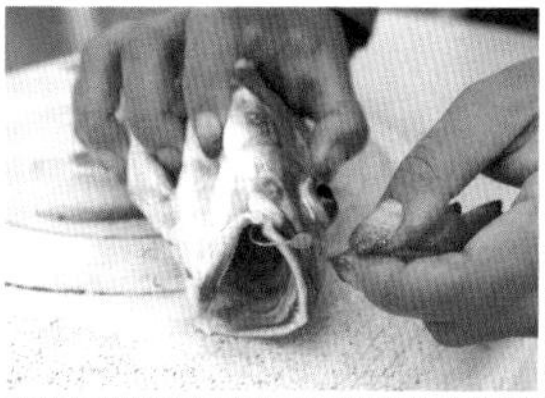

ハリは体を押さえると外しやすい

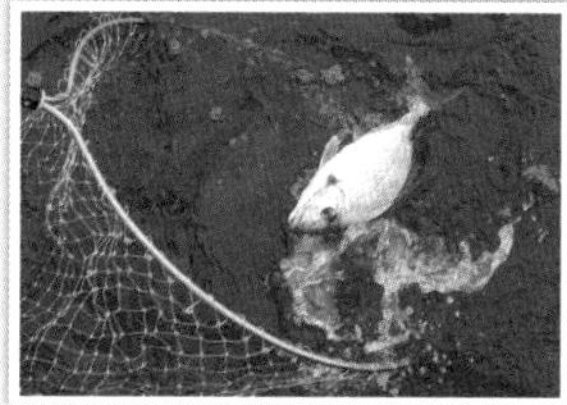

最後はタモを使って取り込み

アタリがきたら慌てずにリールを巻く

5アタリを待つ

投入して反応が4分以上ない場合は、仕掛けを上げ、エサを取り替えて再度投入。エサが無いまま仕掛けを落としている時間はもったいないので、こまめにチェックしましょう。アタリがあると竿が大きく曲がったり、船の揺れとは明らかに違う動きをしたりします。少しでも竿に違和感があったら少しリールを巻いて様子を見ましょう。

6魚を釣る

魚が掛かったら慌てず、一定のペースでリールを巻きます。天秤が水面から出るギリギリまで巻いたら、竿を起こして天秤をキャッチ。竿は竿受け、天秤は床に置いて、糸を手繰り寄せて魚ごと引き揚げます。アジなどの口がやわらかい魚や、引きが強い魚はハリが外れやすいのでタモを使って回収しましょう。

参加者全員、釣ることができました。やったね！

帰港したら積み荷を降ろす！

7 帰港

釣りの時間は3時間ほどで終了。釣れた魚は足元の生簀に泳がせるか、血抜きをして参加者のクーラーボックスに入れます。命の大切さもお伝えしたいので、血抜きの様子もあえて子どもたちにも見てもらうようにしています。この日はマアジ、アオアジ、カサゴ、イトヨリダイ、サクラダイ、マダイ、ヘダイなど、いろいろな魚が釣れました。港に帰った後も、参加者としばし歓談。魚の保存法やおいしい食べ方についてアドバイスして、釣り教室は終了です。

三浦愛の釣り教室

焼津に移住後、地域おこし協力隊の新規イベントとして2018年からスタート。釣具店スタッフ時代に感じていた船釣りのハードルの高さを払拭すべく、初心者でも参加しやすい雰囲気づくりを心掛けています。釣り具の使い方やエサをハリに付ける方法、釣り方、血の抜き方、おいしく食べる方法などをレクチャー。五目釣り教室のほか、タチウオ釣り、深海魚釣り、大物釣りの教室も開催。対象は3歳以上。実施状況や価格などの問い合わせは下記HPまで。
https://clarimare.com/

2022年10月22日／焼津沖

番外編

船釣りなら こんな魚も釣れる！

～全部、静岡の海で釣りました～

ビンナガマグロ

遠州沖ジギングでゲット！このサイズで7kgほどですが、もっと大きなものも釣れますよ。鬢(びん・もみあげ)に例えられる長い胸ビレがトンボのハネに似ていることから、トンボマグロともいわれる魚です。

アコウダイ

水深350m以上の深さにいる深海魚で、釣り上げるとまるで提灯のように膨らみます。一度に何匹もかかった時の迫力は圧巻。駿河湾は日本一深い海なので、気軽に深海釣りが楽しめるのがいいですね。

シロアマダイ

興津鯛とも呼ばれ、上品な味で希少価値の高い魚。「幻のシロアマダイ」とも呼ばれていますが、私の釣り教室では小さな子どもが釣り上げることが何度かありました！

メダイ

駿河湾中央にある石花海(せのうみ)での釣果。目が大きいことから、その名が付いたともいわれますが、引きも強烈で釣り応え満点。最後まで暴れまくってました！

釣りの便利アイテム

収納編

釣りをしている最中は、いろいろな道具を扱わなくてはいけないので、収納や取り出しはスマートに行いたいですよね。

例えば、釣り糸を切る時に使うラインカッターは手軽に使える反面、失くしやすいのが難点。そんな時に役立つのが**ピンオンリール付きラインカッター**です。ヒモが伸び縮みするので、服やベルトに装着しておけば、必要な時に手早く取り出せます。収納の手間がかからず、紛失のリスクも減るので一石二鳥。私はカッター以外にも、小さなプライヤーやハサミなど、よく使うものをぶら下げています。

渓流タモやフィシュグリップなど、重みがあってピンオンリールだとヒモが伸びてしまうようなものは**マグネットリリーサー**でぶら下げるのがオススメ。一対の磁石の片方を道具に付け、もう片方を服やバッグに付ければ、必要な時に引っ張るだけですぐに取り出せます。

ピンオンリール付きラインカッター

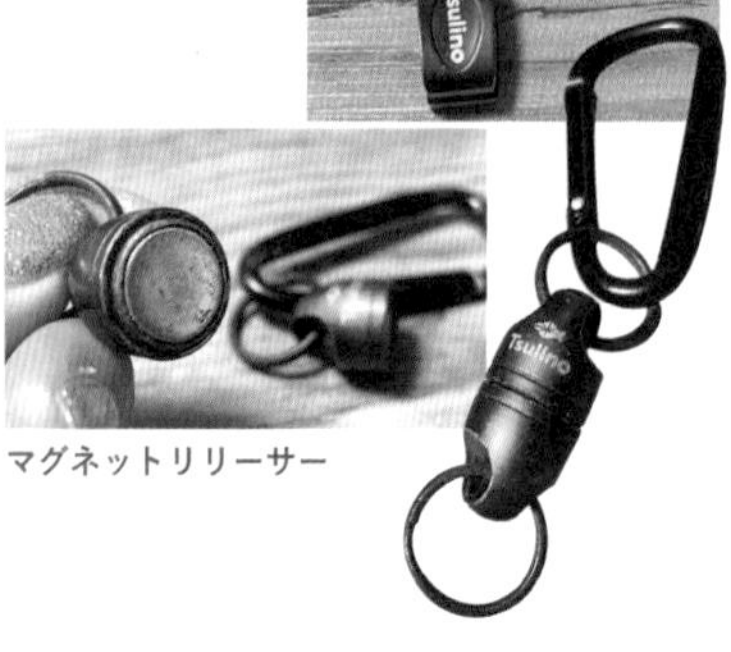

マグネットリリーサー

携帯用ゴミ箱（上はジャクソンの「ポッシュ」、下は第一精工の「糸クズワインダー」）

さて、釣りをしているとラインの切れ端や糸くずなど、細かなゴミがたくさん出ますが、これらはもちろんポイ捨てNG。処理に困っている人は、**携帯用ゴミ箱**があるとその場でサッと収納できて便利です。

なお、釣りにはいろいろな道具を持って行きがちですが、荷物が多いと移動や出し入れが大変になります。そんな時は、**小さなバッグ**を用意して「それに収まる分だけの釣り具を持っていく」と決めてしまいましょう。特にルアーフィッシングでランガンする時などはオススメです。

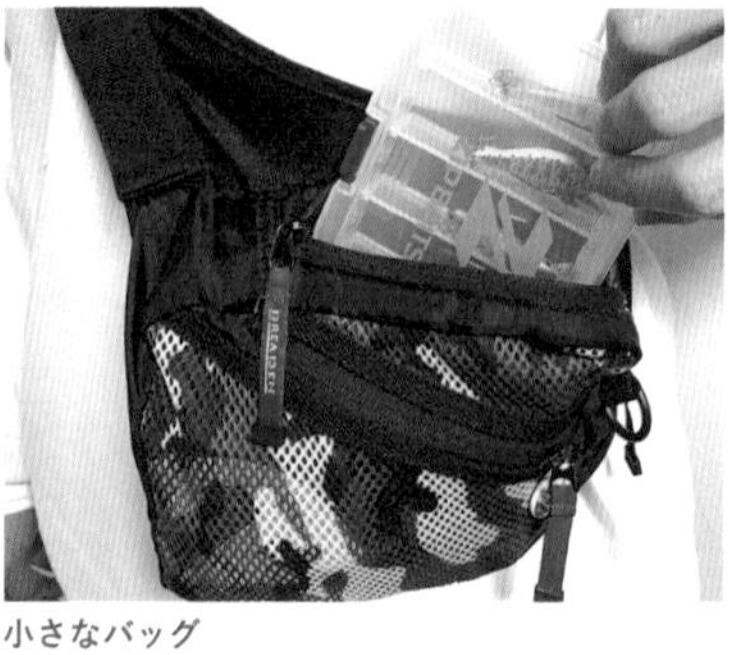

小さなバッグ

東部

eastern area

富士山麓の清らかな水は、魚にとってまさに楽園。
奥駿河湾ならではの、独特な釣りにも注目を。

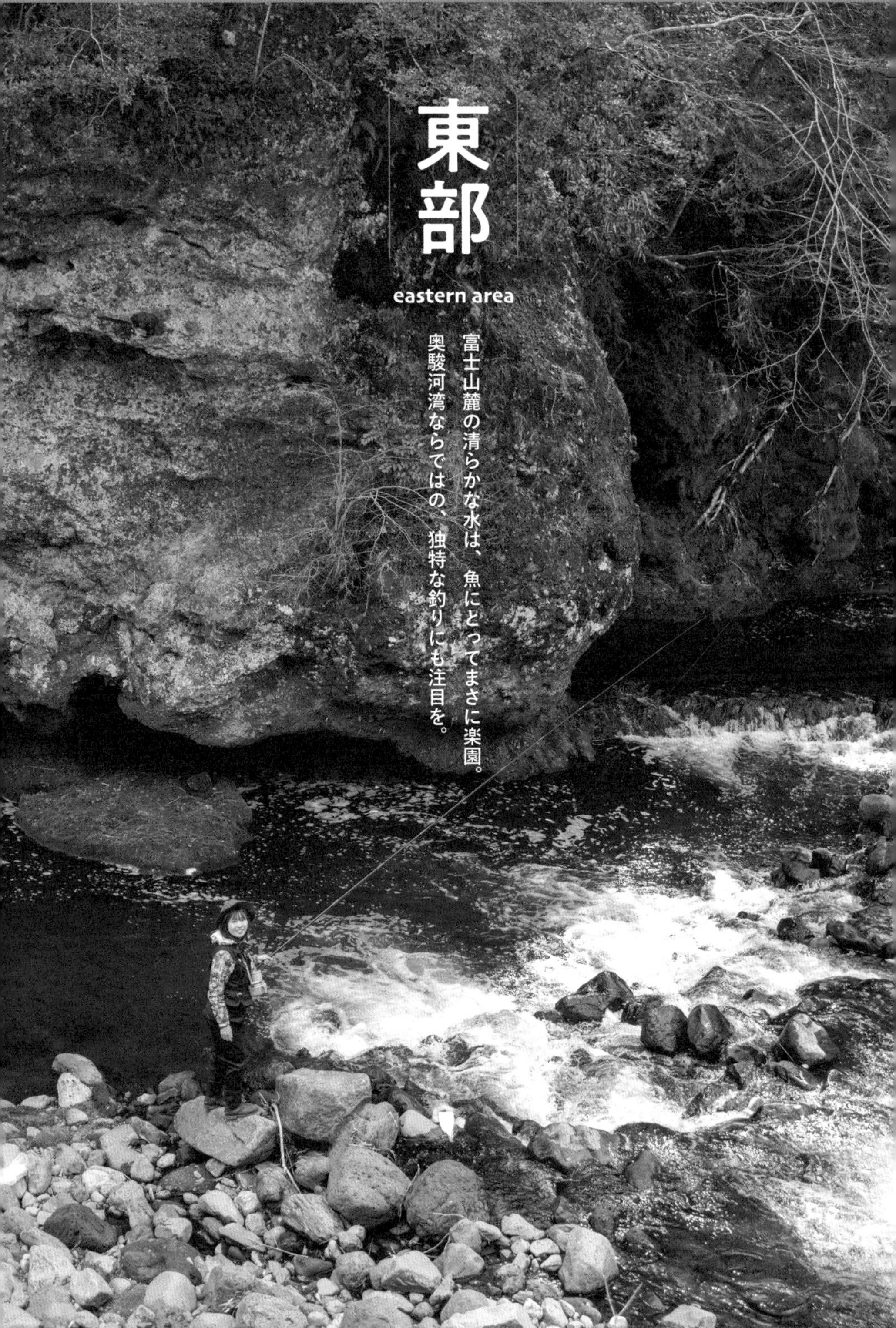

(8) 稲子川

タイプ／清流　レベル／中級

清流の女王をルアーで釣る！

「アユを釣ってみたいけど、友釣りは何だか難しそう」。そんな風に思ってる人には、ルアー釣り（アユイング）がオススメです！　富士宮市の稲子川ではアユイングＯＫの区間があって、ビギナーでも気軽に楽しめるんですよ。

稲子川

アユ釣りの期間は6月1日～11月30日（ニジマス・アマゴは3月1日～10月15日）。区間は柳橋から仲橋まで。対象は友釣り・ルアー・フライ・テンカラ釣りで、エサ釣りは禁止。1日15匹までの匹数制限あり。アユイングはノベ竿推奨で、仕掛けはイカリ1段、チラシ2本まで。遊漁券は新稲子川温泉ユー・トリオで販売中。

芝川漁協 ☎ 090-1095-7569　㊎年間6000円、日釣り1500円

黄班と呼ばれる黄色いマークが特徴
スイカやキュウリに似た香りがする
コケを食べるため、くしのような歯が並んでいる

TARGET
アユ
Plecoglossus altivelis
キュウリウオ目

橋の上から川の様子を確認

オトリ不要で簡単なアユイング

アユ釣りの最もポピュラーな釣り方といえば、オトリアユを使う「友釣り」が有名。仕掛けを施した活きアユを泳がせ、体当たりしてきたアユをハリに掛ける昔ながらの釣法です。縄張り意識の強いアユの習性を利用した釣り方ですが、生きたアユの取り扱いには慣れが必要で、何となく玄人向けのイメージがありますよね。

今回紹介するアユイングは、オトリアユの代わりにルアーを使って楽しむ釣り方。「えっ、アユ釣りはルアー禁止じゃないの?」と思う方もいるかもしれませんが、近年はアユ釣り人口を広げようと、ルアーをＯＫにしている河川が増えつつあるんです。富士宮市西部を流れる芝川支流、稲子川もその一つ。6月1日にアユ釣りが解禁され、11月末までルアー釣りを楽しめます。

「アユルアーの最大の魅力は、やはり気軽に始められるところ。オトリアユとは違い、ルアーなら何度でも使えて、弱る心配もないですから」

そう話すのは県内でルアーを開発している佐々木一樹さん。芝川漁協でアユイングの振興にも取り組んでいる釣りの達人です。今回はそんな佐々木さんに教わりながら、稲子川のアユイングを体験しました!

まずは川の様子をチェック

渓流釣りをする時は、川を管理している漁協の遊漁証が必要です。まずは川沿いにある温浴施設「ユー・トリオ」に行き、遊漁券を購入。稲子川の場合、ユー・トリオを中心にした約２kmがアユイングＯＫのゾーンです。

釣れるポイントは毎年変わるので、まずは川沿いを歩いてアユを探すことから始めます。この日は５００ｍほど上流にある宮地橋の付近から、川の様子をチェックしました。偏光グラスをつけて水中を覗くと、さっそく元気よく泳ぐアユの姿を発見!アユは特定の場所を行き来する習性があるので、その通り道に仕掛けを正確に投入できるかが釣果のカギを握ります。

アユの動向を把握したら、コケやぬめりに

釣りを始めて1時間ほどでアタリが到来。強烈な感触にびっくり!

＼これがアユルアー／

大きな石の近くは狙い目

アユが泳ぐルートにルアーをなじませる

セミの声を聞きながら じっと狙いを定める

強いフェルトソールの靴を履いて、いざ川の中へ。この日の水深は浅く、足首がつかる程度でした。今回は6mのノベ竿を使って釣りに挑戦。リール付きのロッドだとキャストの技術が必要ですが、ノベ竿なら狙ったポイントに仕掛けを流すだけなので気軽にエントリーできます。

アユの通り道にルアーをセット

仕掛けは佐々木さんが手がけた木製アユ用ルアーに、友釣り用の掛けバリをセット。ハリは割とすぐに鈍るので、スペアを用意しておくと安心です。ナイロンラインにストッパー、リグスイベル、ストッパーの順番に通し

＼やってみよう!／

教えてくれた人

佐々木一樹さん
合同会社YOSHINAGA BASE代表社員。地域に根差したルアー開発をコンセプトに活動中

＼ふっくら炊けた／

☜レシピはP77へ!

炭火で焼くと香ばしさアップ

自然に囲まれたユー・トリオのBBQ場

たら、ルアーを装着。これで、釣りの最中も手軽にタナを調節できるようになります。

狙った通り道にルアーを定位させるため、2~5号のオモリも用意しました。今回の川底は砂や小砂利、コンクリートだったので、アユに走られても引っかかりにくいナス型オモリをチョイス。アユは下流側から近づく方が距離を縮めやすいので、ルアーが水中で安定するよう仕掛けの最下部に結びます。

狙い目は大きな石など、アユが隠れやすい場所の近く。ストッパーでレンジ(深さ)を調整して、アユが通るタナにルアーを泳がせます。複数人で釣る時は、あらかじめアユの通り道に立つことでルートを塞ぎ、こちらが狙っているポイントへと追い込むのも効果的です。

ルアーの近くにアユがいても、焦らずハリにかかるまでじっと我慢。稲子川のアユは案外大人しく、体当たりというよりは、泳いでいたらうっかり引っかかってしまうパターンの方が多いそうです。アユを目視で確認して、近くにルアーを流す作業を繰り返していくと、ついにアタリが到来。ひったくられるような強烈な手応えに驚きつつも、慎重に竿を立てていきます。オモリが底石に掛からないように仕掛けを引き寄せていき、最後はタモでキャッチ!約20㎝のきれいなアユを釣り上げることができました。

釣りの後は… ユー・トリオにはバーベキュー場もあるので、野外料理を楽しむのもオススメ。今回はアユを炭火で炙って、炊き込みご飯にしました。アユは骨までおいしいので、アヒージョや天ぷらにしてもグッド!

MEMO

稲子川 アユイング

POINT

ノベ竿を使って狙ったポイントにルアーを流す仕掛け。ルアーの間にストッパーを装着して、アユの通り道にルアーが流れるように高さを調節する。

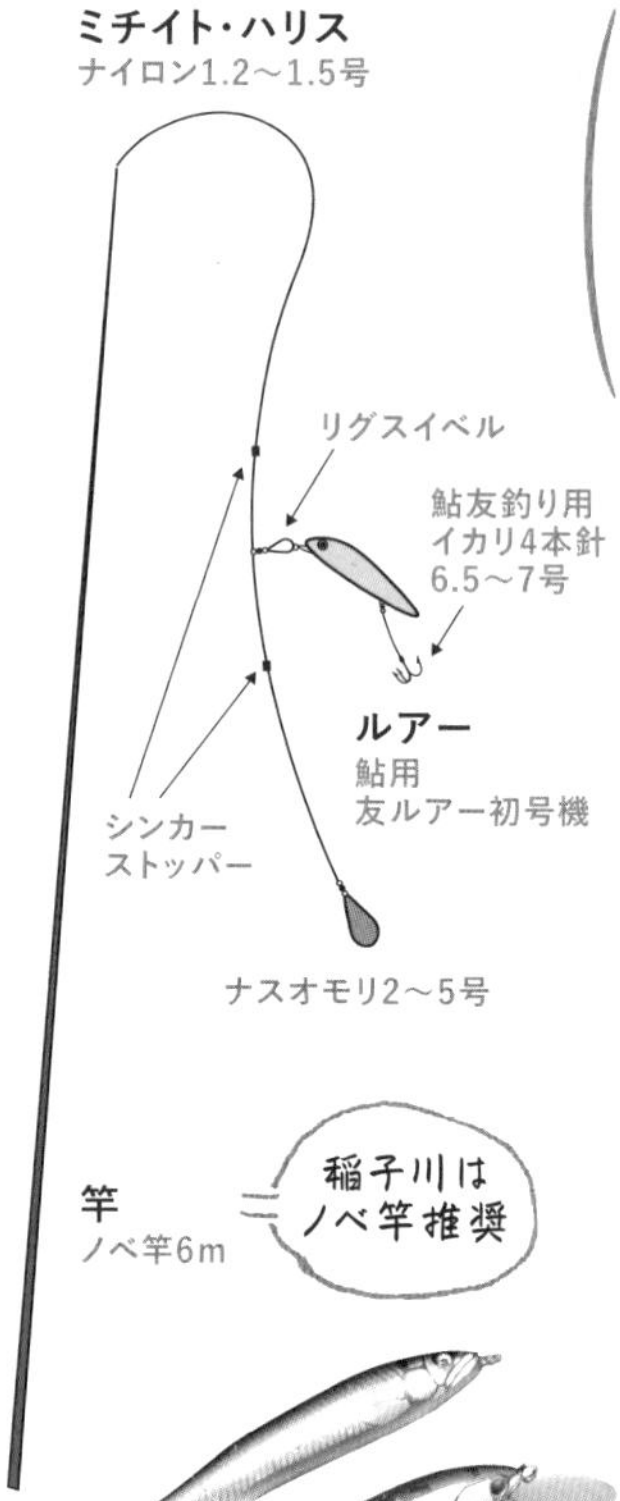

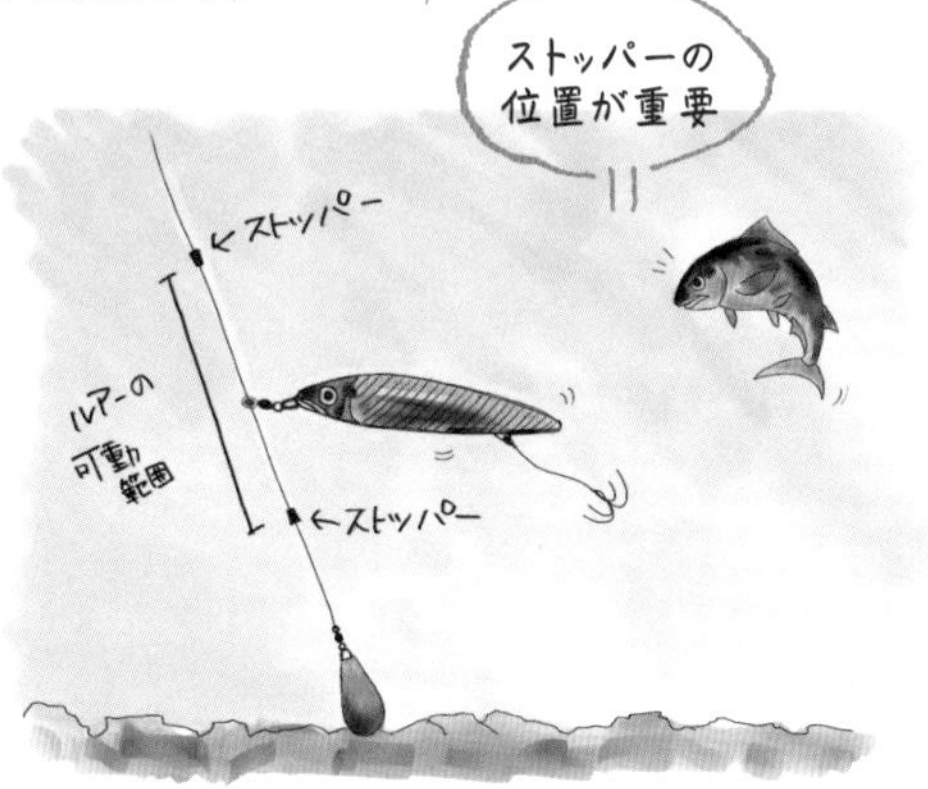

稲子川は水深が浅く、流れも緩いため２～３号のオモリを使用。上流域で底石が大きい場合は、石の間にはまりにくい丸型の方が良い場合もある。ルアーを流した時にハリが川底に着かないようにストッパーを調節する。

稲子川MAP

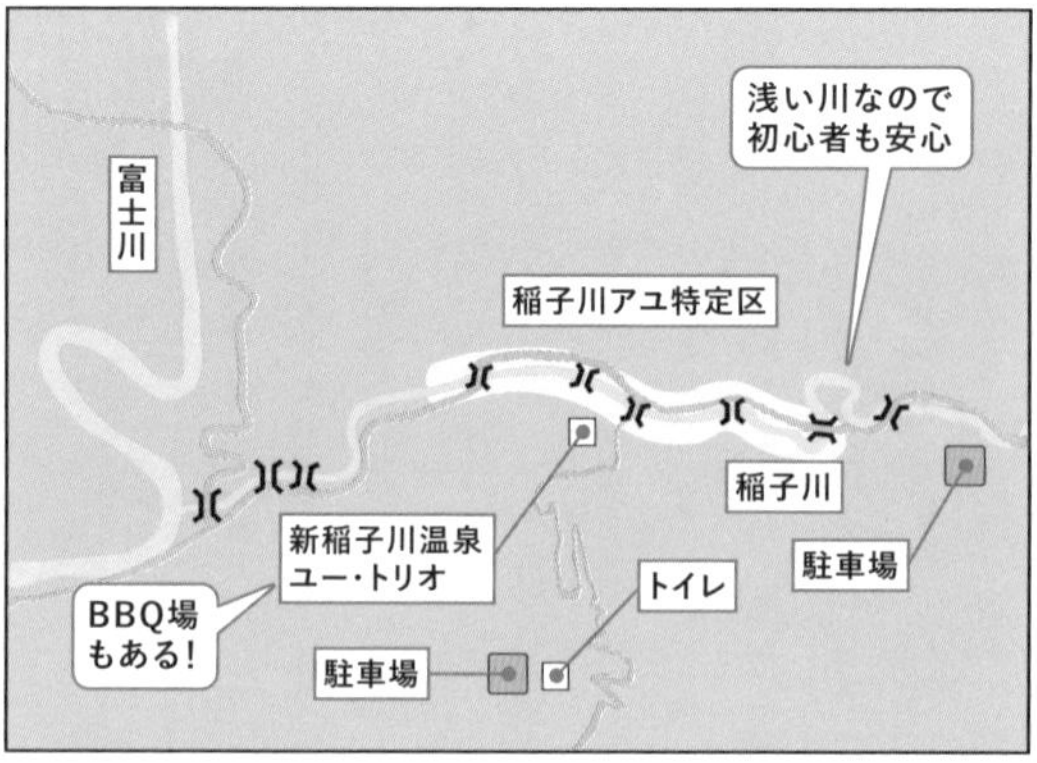

偏光グラスは必須

タモも必要！

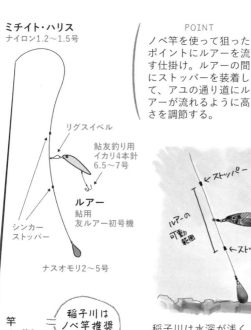

釣った魚で
簡単レシピ

Menu

アユの炊き込みご飯

米や具材は釣りの前に調味液に浸しておけば、すぐに調理に取り掛かれます。炭火で焼いたアユは香ばしさがたまりません！

〈作り方〉

1. 米を研いでジップロックに入れ、細切りにしたニンジン、油揚げ、ダシ汁、しょうゆ、みりん、酒を加えて30分置く

2. アユのウロコ、ぬめり、エラ、内臓を取り、塩（分量外）を振って余分な水分を拭き取る。表面をバーナーで炙って香ばしさを出す（中は生焼けでOK）

3. 土鍋に**1**を入れ、その上に**2**を乗せ、ふたをして鍋を沸騰させる。弱火にして15分加熱し、火を止めて10分蒸らす

4. アユの骨を取り、身をほぐして混ぜ合わせたら完成

材料（2人分）

・アユ…2尾
・米…2合
・油揚げ…1枚
・ニンジン…1/4本
・ダシ汁…360cc
・しょうゆ…大さじ2
・みりん…大さじ2
・酒…大さじ2

釣りに行ったら訪れたい 周辺スポット

新稲子川温泉ユー・トリオ

川のせせらぎに癒やされながら汗を流せる露天風呂が人気の日帰り温泉。バーベキュー場は1卓2時間1020円、食材は2300円～で3日前までに要予約。／**富士宮市上稲子1219　☎0544-66-0175　㊠10：00～20：00　㊡木曜　㊎入浴料1日大人820円、小学生以下510円**

フジヤマハンターズビール

常時5種以上のクラフトビールやジビエ料理が楽しめる醸造所。富士の天然伏流水と富士宮産の米を使った「NENGU」（700円）は、心地よい苦みのIPAで喉越しもすっきり！／**富士宮市大鹿窪1427　☎0544-66-0399　㊠13：00～18：00　㊡月～金曜**

(9) 鮎沢川

タイプ／渓流　レベル／上級

富士山麓で大型アマゴを追う

Gotemba

御殿場市から小山町へ流れる鮎沢川は、アマゴ釣りで人気を集めている河川。市街地からのアクセスも良いので、気軽に渓流釣りが楽しめるスポットです。「オニアマゴ」と呼ばれる大型のアマゴも放流されていますよ!

鮎沢川

アマゴ釣り（エサ・ルアー・フライ・テンカラの竿釣り）の解禁期間は3月第2日曜～9月末。遊漁券はイシグロ御殿場店ほか地元周辺店舗で販売。11月中旬～2月下旬はニジマスの冬季キャッチ＆リリースも開催中。

鮎沢川漁協 ☎ 090-8865-0414　㊨年券大人5000円、高校生2000円、中学生以下無料、日釣り券1500円

「足柄ふれあい公園」の前を流れる鮎沢川

振り出し式の竿は状況によって長さを変えられて便利

アウトレットのすぐ近くにもポイントが

「渓流の女王」ともいわれるアマゴは、美しいパーマークと朱点が特徴的な魚。御殿場市から小山町へと流れる鮎沢川は近年、アマゴ釣りのスポットとして注目を集めている河川です。最大の特徴は、何といってもその大きさ！　体長30㎝を超える大型のオスは「オニアマゴ」と呼ばれていて、鼻が曲がった顔つきは養殖ものとは思えないほど野性味にあふれています。

解禁期間は毎年3月の第2日曜から9月末までで、エサ釣り、ルアー釣り、フライ釣り、テンカラ釣りの4種が楽しめます。追加放流も毎月行われていて、解禁日には大会も開かれているんですよ。今回はアマゴ釣りのコツを、エサ釣りを中心に紹介します！

釣りのポイントはいろいろありますが、JR足柄駅の近くにある「足柄ふれあい公園」と、御殿場アウトレット近辺の「牛淵」が好アクセスでオススメ。特に「足柄ふれあい公園」にはトイレもあるので初めての人でも安心です。遊漁券はイシグロ御殿場店など近隣店舗のほか、インターネットで購入できます。

竿は状況によって長さを変えられるよう、振り出し式の渓流竿を使用。川幅の広いふれあい公園では6m、木が生い茂っている牛淵では4・5mにすると扱いやすくなります。天井糸も長さの調節が可能な遊動式をチョイス。アタリを分かりやすくするため、ミチイトには目印を2〜3個付けます。付ける位置

大型のオスは「鼻曲がり」の顔になる
ヤマメにはない赤い点がある

TARGET
アマゴ
Oncorhynchus masou ishikawae
サケ目サケ科

市街地のすぐ近くにこんな自然があったのです

自然豊かな牛淵周辺。流れが緩く水深のある淵は魚が身を隠しやすいので狙い目

釣れなかったらとにかく移動！

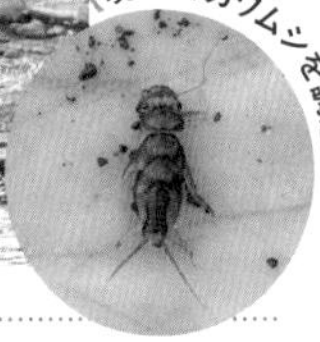

現地でカワムシを調達！！

は水深の2倍の高さが目安で、目印同士の間隔は20㎝程度です。

オモリとなるガン玉は、水深によって5号～5Bを使い分けます。オモリが軽すぎるとエサが水面に浮いてしまい、重すぎると根掛かりしやすくなるので、場所を移動したらその都度、こまめに重さを変えて調節。ちょっと大変ですが、このひと手間によって釣果が大きく変わるぐらい重要な作業です！エサはミミズ、イクラ、ブドウムシが一般的で、現地でカワムシを捕まえるのもオススメ。エサの種類によって専用バリを使い分けます。

ガン玉を付け替え、エサを川底に流す！

アマゴはある程度、水深があって、身を隠しやすい場所が大好き。漢字で「雨子」とも書かれるように、雨が降って水が濁ると活性が上がるので、雨の多い5～6月が狙い目です。ただし、増水時はそれだけ危険も多くなるので、避難経路の確認は必須。釣り人の気配が少なく、魚の警戒心も薄まる早朝を狙うのがオススメです。

御殿場市内にあるBiquetteのパンとSocket roast worksのコーヒーでランチ

\ 大型のアマゴは迫力満点! /

釣りの合間に川のせせらぎを聞きながらのんびり休憩

エサを投入する時は、川の流れを要チェック。川は中央付近ほど流れが速く、岸に近づくほど緩やかになります。狙うポイントは、速い流れと緩い流れの境目。アマゴに怪しまれないよう、不用意に川に入らず、そっとポイントに近づいて仕掛けを流します。

川は深さによっても流速が変わり、底層にいくほど流れは緩やかになります。まずはアマゴが定位しやすい底層を狙うのがセオリー。ミチイトに付けた目印が表層と同じ速さで流れていたら、エサが底まで届いていない証拠です。反対に目印が流れていかない場合はオモリが重すぎるので、ガン玉を付け替えて重さを調節します。

川の温度がアマゴの適水温(8~18℃)であれば、流速のあるポイント(川の表面など)を狙うのも有効です。流れが速いとエサが流れてくる頻度が多くなるため、アマゴが釣りエサに反応しやすくなります。

「目印が強く引き込まれる・小刻みに震える」「流れている目印が止まる」などのアタリがあったら、仕掛けを10cmほど動かすイメージで竿を引いて魚を掛けます。あまり強くアワせると、糸が切れてしまうので気を付けて。アタリがないようであればどんどん移動して、ポイントを変えていくのも大事。渓流は足場が悪いので、魚を掛けた時に慌ててバラさないよう、やり取りするポジションをあらかじめ決めて臨みましょう!

釣りの後は… 鮎沢川の近くにある「あしがら温泉」で当日の日釣り券を提示すると、無料で入浴することができます。鮎沢川は冬になるとニジマスのキャッチ&リリースもできるので、1年通じて渓流釣りが楽しめますよ。

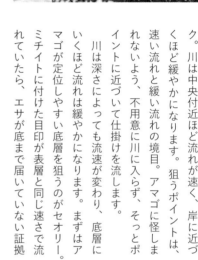

MEMO

鮎沢川 アマゴ釣り

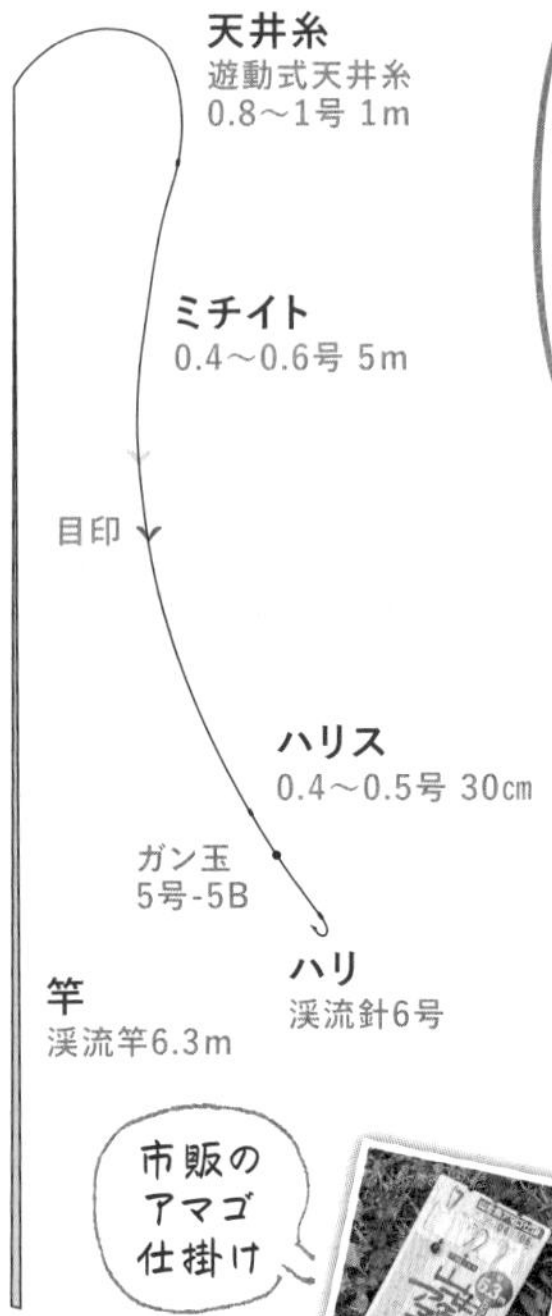

POINT

竿は振り出し式の渓流竿（硬調子）をチョイス。天井糸・ミチイト・ハリスは根掛かりをしたときに結束部分で切れるように太さを変える。ハリはエサごとに専用のものを使う。

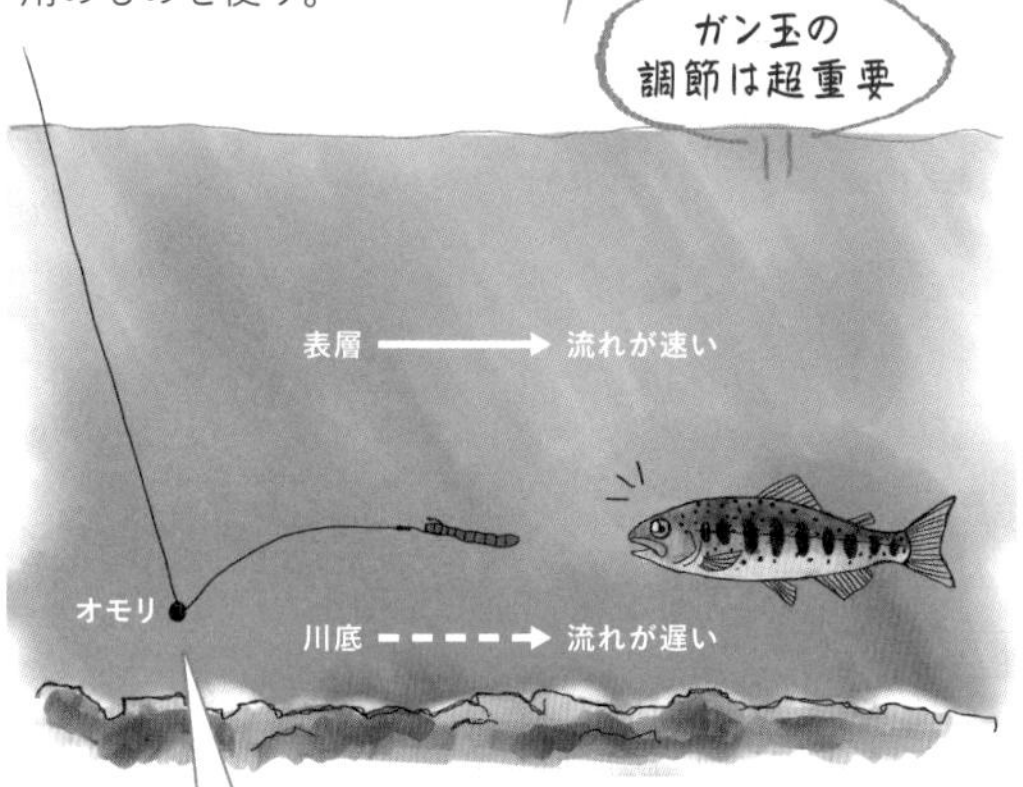

・オモリが軽いとエサが沈まない
・オモリが重いと根掛かりする

流れの早い表層に流されないよう、オモリ（ガン玉）の重さを調節して、エサを底付近まで送り込むのがコツ。

鮎沢川MAP

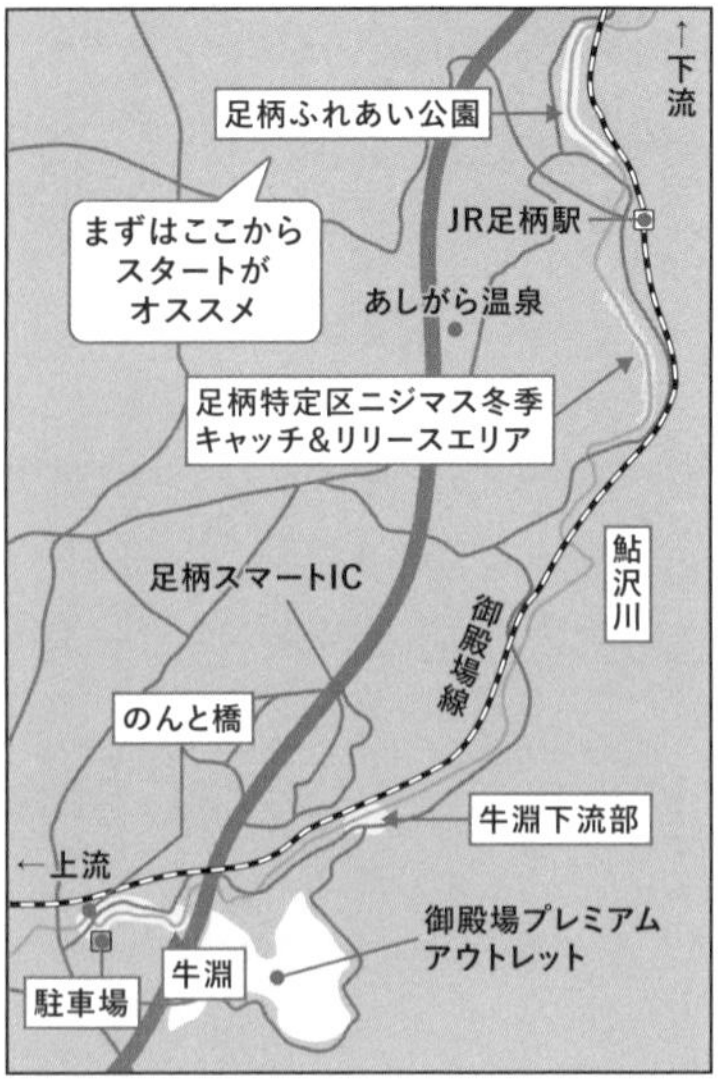

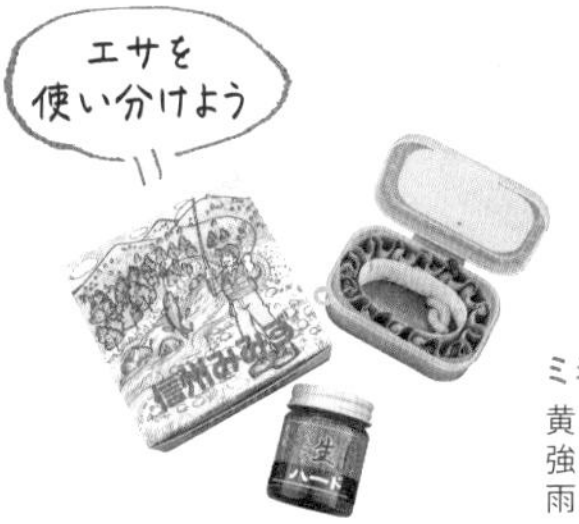

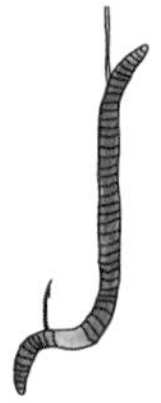

ミミズ

黄色い体液は臭いが、強くアピール力がある。雨の日にもよく使う

ブドウムシ

魚がイモムシをよく食べる夏にオススメ

イクラ

解禁日直後に使うと効果的

カワムシ

持参したエサで釣れない場合は試してみる価値あり！

釣った魚で
簡単レシピ

Menu

アマゴと菜の花のエスニック風

塩焼きにしがちな川魚も、調味料次第でいろいろな料理に大変身。ふわっとしたアマゴに、カリッとしたナッツを合わせてみました。

材料（2人分）

・アマゴ…1尾
・菜の花…2房
・ミックスナッツ…10g
・オイスターソース…大さじ1
・ナンプラー…小さじ1
・水…大さじ3
・片栗粉…適量
・サラダ油…大さじ1
・ニンニク…1片
・すりおろし生姜…適量

〈作り方〉

1. アマゴは頭とワタをとって三枚おろしにし、一口大に切り分けたら、片栗粉を付けて揚げ焼きにする

2. ミックスナッツはビニール袋に入れて叩いて砕く。菜の花は湯通しする

3. オイスターソース、ナンプラー、水を混ぜる

4. フライパンにサラダ油を入れて、ニンニク、すりおろし生姜を香りが出るまで炒める

5. **1** のアマゴと **2** の菜の花・砕きナッツ、**3** の調味料を入れて炒める

釣りに行ったら訪れたい　周辺スポット

Biquette

富士山麓の食材を使ったパンが並ぶベーカリー。御殿場ももハムとカッテージチーズ（367円）は地元ならではのフレッシュな味わい。静岡いちごのフルーツサンド（313円）も甘くてジューシー！／**御殿場市東田中 2-8-10**
☎ 0550-73-0150　㊒ 9：00 ～ 18：00　㊡日・月曜

Socket roast works

市役所前にあるロースター＆コーヒースタンド。デイリーブレンドをはじめ、ブラジル、コロンビアなど中煎～中深煎りの豆が7～8種類そろう。エスプレッソ系をカフェラテにするのもグッド。／**御殿場市萩原 496-4　☎なし**
㊒ 10：00 ～ 18：00（土曜・祝日 12：00 ～）　㊡水・日曜

沼津の伝統釣法 マキコボシ釣りに挑戦

沼津・西伊豆地域に伝わる「マキコボシ釣り」は、エサを載せた小石にハリスを巻き付けるという一風変わったご当地釣法。その極意を知りたくて、達人にレクチャーをお願いしました。果たしてうまく釣れるかな？

岩崎レンタルボート

手漕ぎボートがレンタルできる釣り船店で、天気の良い日は目の前に富士山が望める。釣りの間も船長が定期的に様子を見にきてくれるのでトイレも安心。売店ではマキコボシ用のLIP（1箱2900円）も購入できる。

沼津市西浦木負353-8　☎055-942-2281　㊎ボート1人乗り3300円、2人乗り4500円　㊟400円

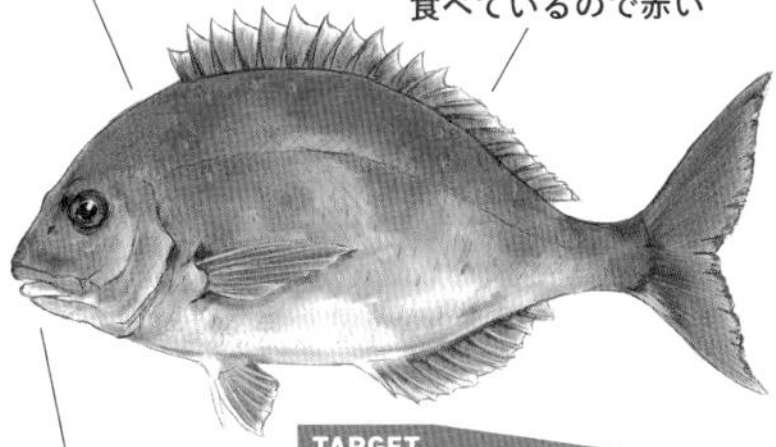
産卵期（5～6月）は
「乗っ込み」と呼ばれ、
釣りの最盛期でもある
エサとなるエビをたくさん
天然物は鼻が左
右に2つある
（養殖物は1つ）

TARGET
マダイ
Pagrus major
スズキ目スズキ亜目タイ科

木負湾の波は穏やか

小石にエサを載せて、糸でぐるぐる巻きに

静岡県にはさまざまな〝ご当地釣法〟がありますが、中でも沼津・西伊豆地域に伝わる「マキコボシ釣り」はひときわ独特な釣りだと思います。

仕掛けは至ってシンプル。小石にエサの付いたハリとコマセを載せ、上からハリスをぐるぐる巻き付けるだけ。これを海に投入すると、石の回転とともにハリスがほぐれていき、水中にコマセを撒き散らしつつ、エサが狙ったタナへと沈んでいきます。

5月中旬、西浦木負《きしょう》にある岩崎レンタルボートで手漕ぎボートを借り、木負湾に繰り出しました。同乗していただいたのは〝竿マキコボシ釣り〟の達人・増渕薫さん。本来は手釣りのマキコボシ釣りを改良し、竿を使って楽しめる方法を編み出したパイオニアです。

「竿とリールを使うと糸が絡みにくくなり、魚とのやり取りも容易に行えます。コツさえつかめば子どもでも大型のタイが釣れるぐらい、気軽に楽しめる釣法ですよ」

そう話す増渕さんにはもう一つ、画期的な発明品があります。それは石の代わりに使う、LIP（ロー・インパクト・プレート）と呼ばれるアイテム。砂を板状に固めたもので、海中に沈めると徐々に溶けてなくなります。従来、使われていた小石や瓦よりも環境に与える負荷が少なく、今ではマキコボシ釣りを行う上で欠かせない道具になっています。

この日のメインターゲットはマダイ。釣りの最中はミチイトを手で引き出していくので、竿は扱いやすい1・5m程度の船竿を用意しました。マキコボシ釣りは正確なタナ取りがカギを握るので、リールはカウンター付きの両軸リールを使います。ミチイトはヨレが入らないよう、太めのフロロカーボンを使用。ハリスにグレバリを結び、極小サルカンでミ

マキコボシ釣りに使うLIPとコマセ。LIPは海に沈めると自然に溶ける

先人の知恵がたっぷり詰まってます

④サルカンまで糸を巻いたら海に沈める。巻き終わりはLIPの中央から糸が出ている状態にすると、水中で傾くことなく沈められる

仕掛けの作り方

①尻尾を切ったオキアミにハリをまっすぐ通して、LIPの上に載せる

②オキアミ4～5尾をハリが出ている部分を隠すように置いて、上からハリスを強めに3～4回巻く

③少量のコマセを載せて糸を10回（1m分）巻いたら、さらにコマセを載せて10回巻く。これを右・左・中央とコマセを載せる位置を変えながら5回ほど繰り返す

教えてくれた人

増渕薫さん
竿を使ったマキコボシ釣りの考案者で、普段は伊東市で「川奈観光ボートハウス」を運営。YouTubeで詳しい釣り方の動画も公開中

チイトにつなぎます。

ボートが係留できたら、早速釣りのスタート。まずは針にオモリを付けて海に沈めます。ミチイトがたるんだら着底した合図なので、カウンターをセットして水深を記憶。ミチイトを残り10～12m程度までリールで巻き上げたら、手繰り込んでハリを引き上げてオモリを外します。

コマセと同調させてエサを沈める

次は仕掛け作りです。付けエサはオキアミ、コマセはアミエビを使用。ハリにオキアミを付けてLIPに載せたら、ハリスを強めに巻き付けていきます。さらにその上にコマセを載せ、ハリスを巻いて固定。この作業を何度か繰り返したら、サルカンまでハリスを巻き付けて仕掛けの完成です。水中にそっと投入し、狙うタナの深さまでミチイトを手で繰り出していきます。

リールのカウンターが狙うタナ（マダイの場合は海底から6～7m）の深さになったら、ミチイトの繰り出しをストップ。そのま

増渕さんはマダイ、私はイサキをゲット！先人の知恵が詰まった、魅力たっぷりの釣りでした

ま止めておくと、やがて竿先が小刻みに震え始めました。これはLIPに巻き付けたハリスが水中でほどけ、コマセが撒き散らされている証拠。振動がなくなったら、狙ったタナに付けエサが届いた合図です。1～2分ほど待ってアタリがなければ、徐々にミチイトを送り出し、上から降り注ぐコマセと同調させながら付けエサを沈めていきます。

開始早々、早速アタリがありました。ところが、引き上げてみると、掛かっていたのは小さなサバ。どうやら狙ったタナに付けエサが届く前に、小魚に食われてしまったようです。

「こんな時はLIPへのコマセの巻き付け方を変えてみよう。最初は付けエサだけ載せてハリスを巻き、サルカンが近くなったらコマセをたっぷり巻き付ける。こうすると浅いタナで大量のコマセが撒かれるから、魚が引き寄せられている隙に付けエサを深いタナまで沈めることができるんだ」

なるほど、ハリスの巻き加減によって、コマセを撒くポイントを調節できるんですね。って感心していたら、なんと増渕さん、すでにマダイを釣り上げていました。さすが、レジェンド。教え通りに仕掛けを投入していくと、やがてググッとした引きが到来。リールをゆっくり巻いてしっかりとアワせると、活きのいいイサキが掛かっていました！

「簡単だけど奥が深い。それがマキコボシの魅力」と語る増渕さん。近年はLIPの普及もあり、全国的な広がりを見せているそうです。マキコボシのファンにとって、ここ沼津はまさに聖地なんですね。

釣れたらタモを使って確実に取り込む

＼ヒメジも釣れた／

MEMO

マキコボシ釣り

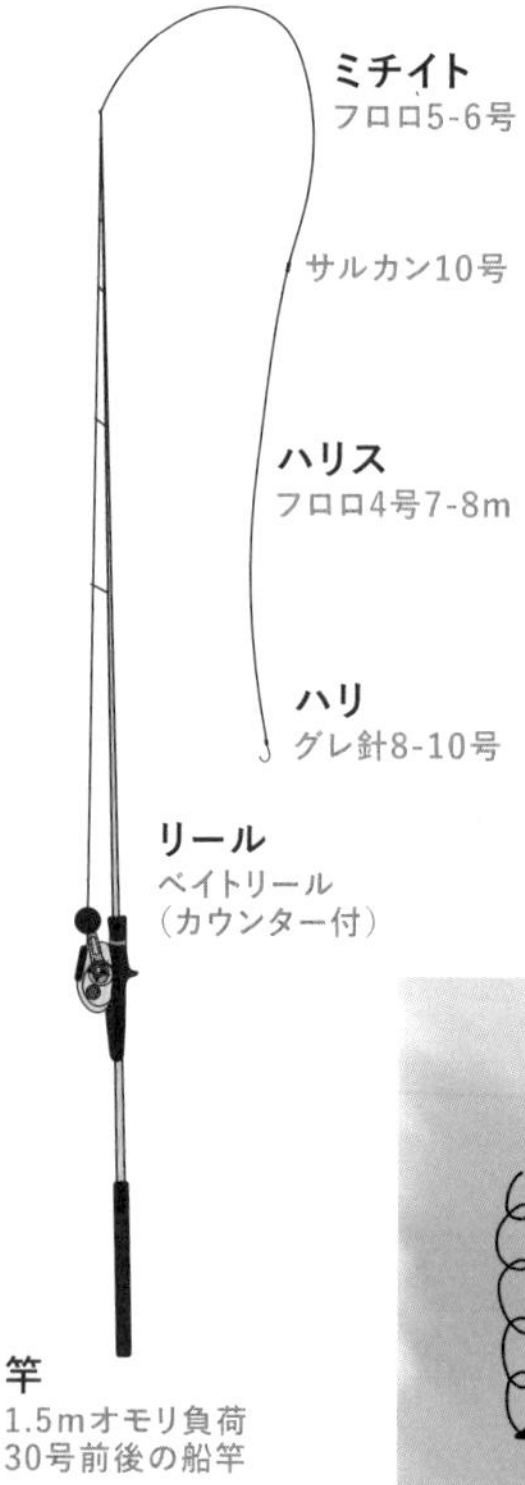

POINT

コマセは左右バランスよく巻き付けるのがコツ。エサ取りを避けるため、オキアミだけLIPの上に載せて糸を巻き、ハリスの一番上まできたらコマセを一気に巻き付ける方法もある。

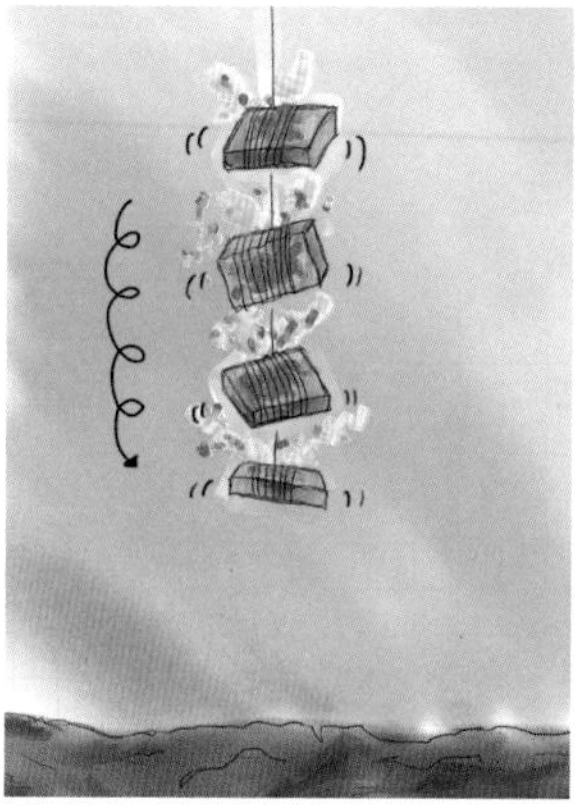

①仕掛けができたらそっと海に落とし、糸を繰り出していく。糸を出し終えると、LIPが回転して糸からほどけていく。

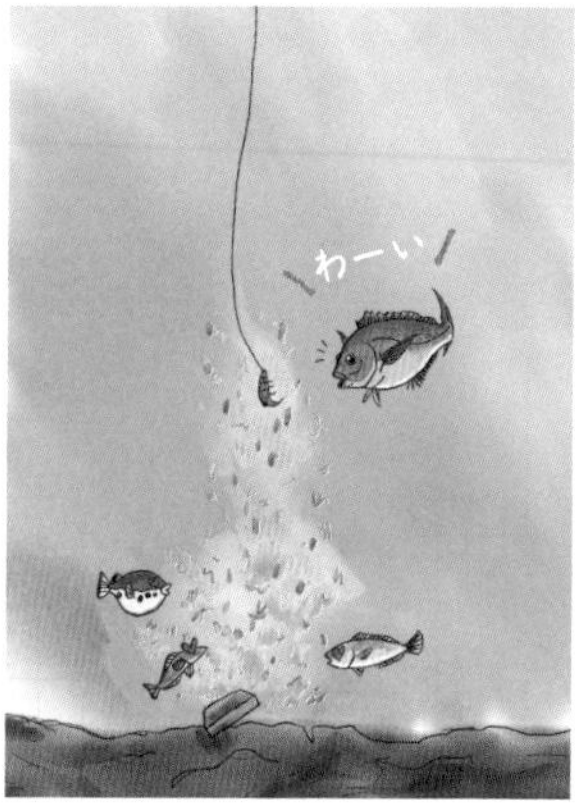

②竿の震えが収まり、LIPから糸が完全に離れたら、糸を繰り出して徐々にタナを下げていく。

マキコボシの仕掛け

岩崎レンタルボートさんは釣りの間、何度も見回りにきてくれるのでビギナーも安心

イカダにアオサギが巣を作ってた！

Menu

マダイのシンプルなトマトソースパスタ

材料（2 人分）

- ・マダイ（30cm程度）…半身
- ・スパゲティー…160g
- ・カットトマト缶…1缶（約400g）
- ・ニンニク…1片
- ・タマネギ…1/2個
- ・鷹の爪…1本
- ・オリーブオイル…大さじ2
- ・砂糖…小さじ1
- ・パセリ…適量
- ・塩・こしょう …適量

マダイの旨みをしっかりと生かしたパスタメニュー。魚をオリーブオイルで焼く時は、皮目から先に焼いて香ばしく仕上げるのがポイントです。

〈作り方〉

〈マダイ〉

1. マダイを三枚おろしにして、アラでダシを取る

2. 半身は骨を取って4枚に切り分けたら、オリーブオイル（分量外）で焼き、皿に上げておく

〈トマトソース〉

1. ニンニク、タマネギをみじん切りにする。鍋にオリーブオイル、タネを取った鷹の爪、ニンニクを入れて炒める

2. 香りが出たらタマネギを加えて炒め、透き通ったらトマトを加えて炒める。砂糖を加えて弱火で 15 分ほど煮る

3. ソースが半量になったら塩・こしょうで味を整える

〈仕上げ〉

1. スパゲティーを茹でてトマトソースを絡める。タイのダシを加えて、味が足りない場合は塩・こしょうを加える

2. スパゲティーを皿に盛り付け、焼いたマダイを乗せ、パセリを振りかける

釣りに行ったら訪れたい **周辺スポット**

沼津内浦漁協直営いけすや

内浦名物の活あじを使った料理が目白押し。肉厚のマアジは醤油をはじくほど脂乗りが良く、フライもフワフワ、カリカリ。お土産は郷土料理「うずわみそ」を。／**沼津市内浦小海30-103　☎ 055-943-2223　㊔ 11:00 ～ 15:00（14:30LO、売店 9：00 ～ 16：00）　㊡水・木曜**

海のステージ

海が目の前に広がるテラス席でのんびりひと休みできるカフェ。地元で栽培されている寿太郎みかんのジャムを使ったヨーグルト（500円）は後味さっぱり。天気の良い日は富士山も見える。／**沼津市西浦木負 768-9　☎ 055-946-2801　㊔ 10：00 ～ 18：00　㊡木曜**

（11）戸田湾

タイプ／船　レベル／中級

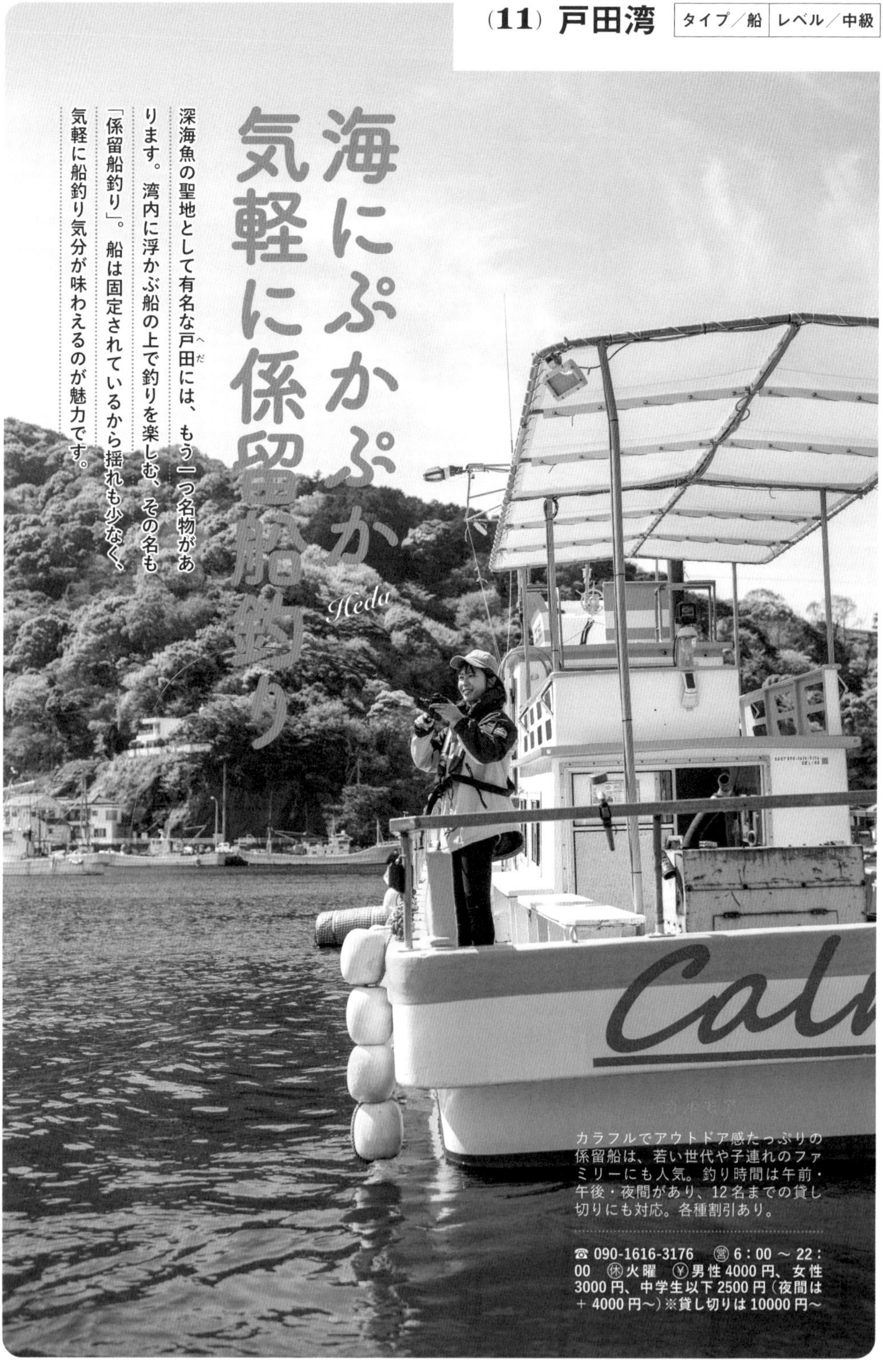

海にぷかぷか 気軽に係留船釣り

Heda

深海魚の聖地として有名な戸《へ》田《だ》には、もう一つ名物があります。湾内に浮かぶ船の上で釣りを楽しむ、その名も「係留船釣り」。船は固定されているから揺れも少なく、気軽に船釣り気分が味わえるのが魅力です。

カラフルでアウトドア感たっぷりの係留船は、若い世代や子連れのファミリーにも人気。釣り時間は午前・午後・夜間があり、12名までの貸し切りにも対応。各種割引あり。

☎ 090-1616-3176　㊔ 6：00 ～ 22：00　㊡火曜　¥男性4000円、女性3000円、中学生以下2500円（夜間は＋4000円～）※貸し切りは10000円～

戸田港の中央桟橋から「カルモア」の渡し船に乗り、いざ係留船へ。湾口の向こうに富士山も見えました

揺れが少ない船の上で釣りを満喫!

沼津市の戸田は、私が学生の頃から大好きでよく訪れている町。沼津市街からは少し距離がありますが、緑に囲まれた戸田湾はいつも穏やかで、釣り人を優しく出迎えてくれます。湾の出入り口に当たる御浜岬の先端には、漁業の守り神を祀る諸口神社も鎮座。天気の良い日は富士山も望める県内屈指のパワースポットです。

そんな戸田湾で体験できるのが、全国的にも珍しい「係留船釣り」。湾内に係留している船の上で釣りが楽しめます。船はアンカーで留められているから揺れが少なく、船酔いしやすい人でも安心。船の上から戸田の町を一望できるので、釣りも景色も思う存分、満喫できます!

戸田には係留船釣りができる釣り船店が3店あります。今回お邪魔したのは「カルモア」「たか丸」の2店。2021年に開業した「カルモア」はブルーとオレンジの外装がおしゃれな船で、若い世代やファミリーに人気です。老舗の「たか丸」はリーズナブルな料金で利用できるのが魅力的。店によって係留地点や利用時間に違いがあるので、いろいろと乗り比べてみるのも面白いですよ。

まずは港から渡し船に乗り、湾内に浮かぶ係留船へ。船内に乗り込んだら、船釣りと同じ仕掛けで早速釣りを始めます。戸田湾で1年通して人気のターゲットはマダイ。そのほ

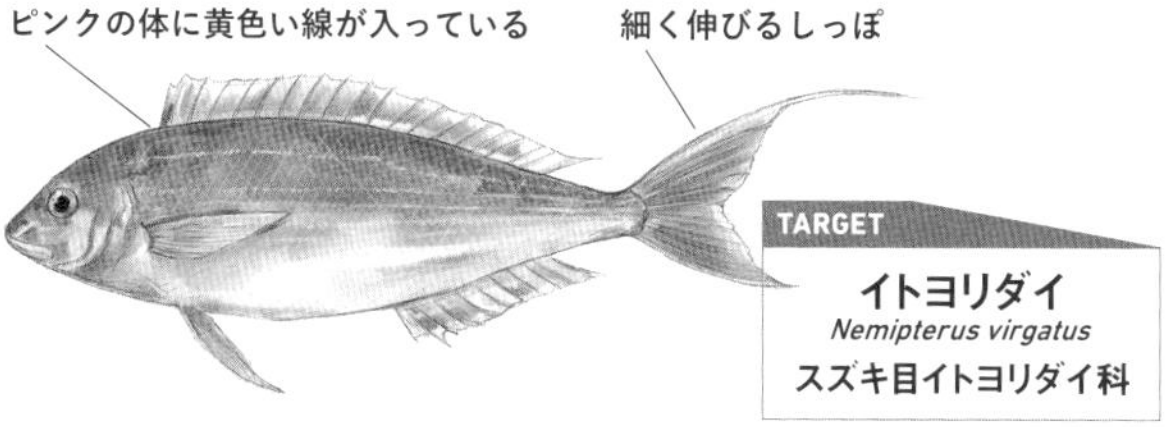

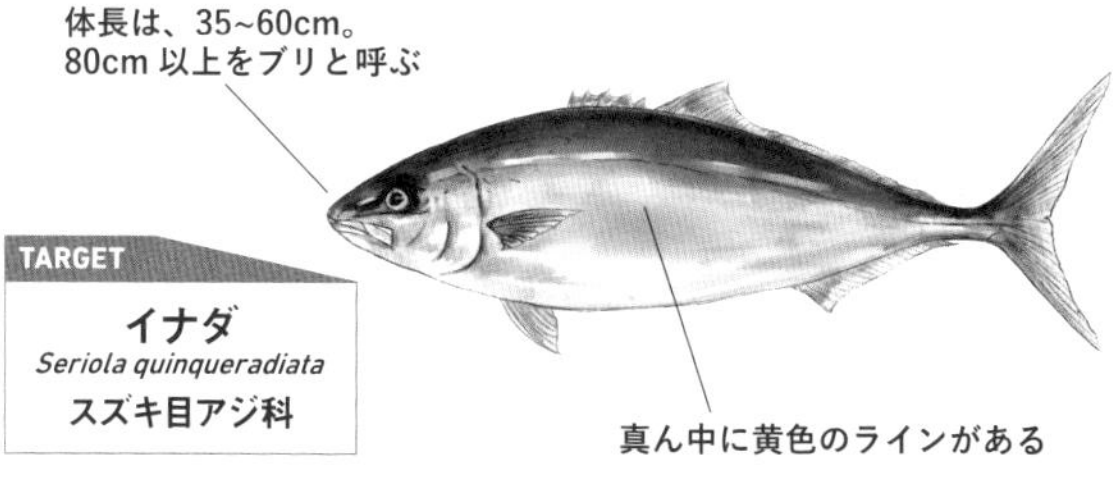

魚を寄せるためのコマセは必須！

釣りの合間に道の駅くるら戸田で買った深海サメバーガー（650円）をパクリ

海にピクニックに来てるみたい！

か、アジやサバ、イトヨリダイ、イナダなども狙えます。

竿は1・8mの船竿、リールは中型両軸リール。ミチイトはPEラインで、水の流れを受けにくい細目の1号を選びました。オモリは40～60号を用意。海中でエサが自然に漂うようにしたかったので、今回は1本針のシンプルな仕掛けにしました。数を釣りたい場合は、2本針の仕掛けもオススメです。

エサはオキアミのブロックを持参。オキアミをハリに付ける時はシッポを切り、切断部から針を真っすぐに刺すのがコツです。こうすると、糸を張ったり緩めたりした時にオキアミが水中で跳ねるような動きになって、魚たちにアピールできます。コマセカゴにもオキアミを入れて、コマセとして使います。

まずはコマセを足元に撒いて魚をおびき寄せ、仕掛けを海へ落とします。この日の水深は約40m。場所によって深さは異なるので、オモリが海底まで届かなければオモリの号数を上げていきます。普通の船釣りと比べて、係留船は仕掛けが流されることも少ないので最大60号程度で十分です。

「たか丸」は1日のんびり釣りが楽しめる

ピンク色が美しいイトヨリダイをゲット！

カルモアの女性船長
やさしい人でした！

コマセをこまめに撒くのがコツ

仕掛けが底まで沈んだら、仕掛けの長さ分を目安にリールを巻き上げ、2・3回竿をシャクってコマセを海中に散らします。

アタリを待つ間は、目の前に広がる景色をたっぷり満喫。港町や海水浴場、諸口神社の赤い鳥居など、船の上からは戸田の見どころを一望できます。常連さんの中には、お弁当を持ち込んで1日中釣りをする人も多いそうです。私もおなかがすいたので、道の駅「くるら戸田」でテイクアウトした深海サメバーガーをパクリ。なんだかまるで、海にピクニックに来ているみたいです。

アタリがこなければ、仕掛けを上げて再びカゴにオキアミをセット。普通の船釣りと違って、係留船釣りは移動ができない分、コマセをこまめに撒くのがコツです。この日はきれいなイトヨリダイが2匹釣れて、気分もリフレッシュできました。

釣りの後は… 戸田港は深海魚のトロール漁が盛んで、近年は「深海魚の町」としても注目されています。港近くにある食事処の「魚清」は、店の真ん中にタカアシガニの生け簀があってインパクト大。アカエビの塩焼きやトウジンの唐揚げなど、ユニークな料理が目白押しで、深海魚の魅力をたっぷり堪能できました。やっぱり何度来ても、戸田はステキな港町です！

アカエビの塩焼き（単品1540円・定食1760円）、深海3点盛り（1210円）、トウジンの唐揚げ（550円）

深海魚バンザイ！

魚清／沼津市戸田580　☎050-5890-8639
㊔11：00～19：30（土日祝20：30）　㊡不定

また来たい

MEMO

戸田係留船 コマセ釣り

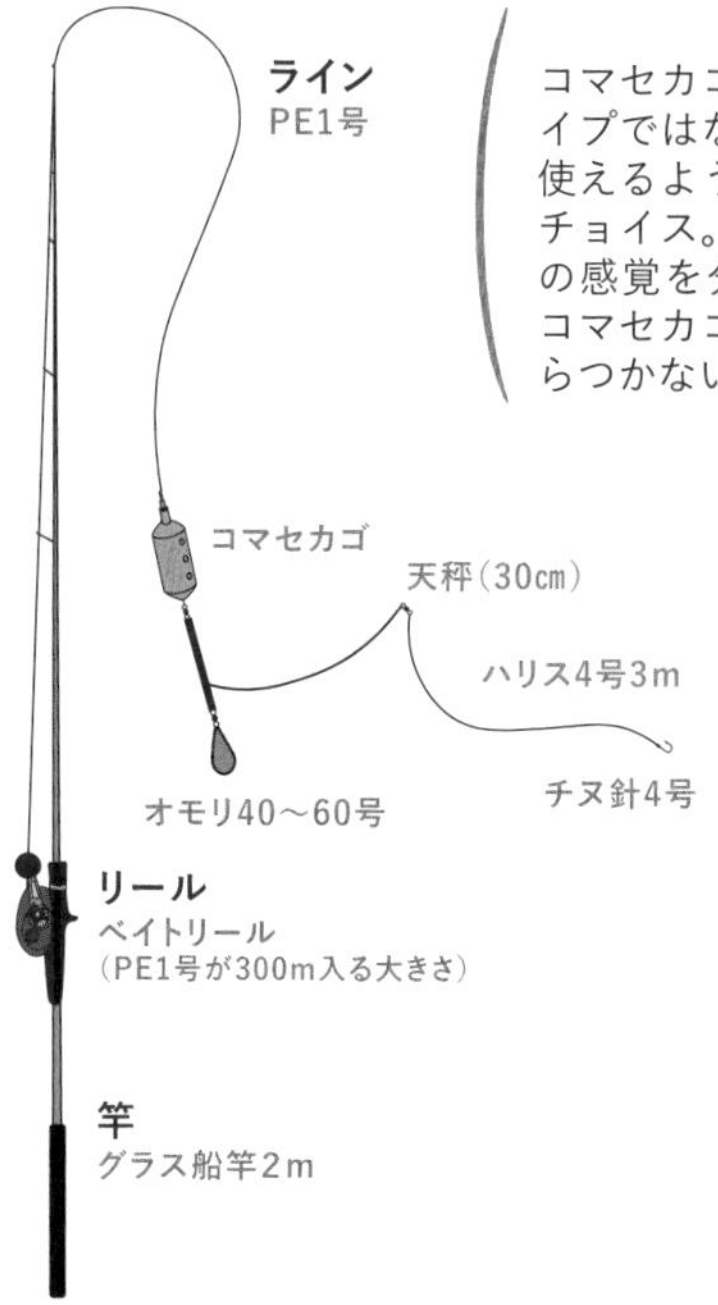

POINT
コマセカゴはオモリが付いてるタイプではなく、いろいろな水深で使えるようにオモリが別のものをチョイス。オモリが底に着いた時の感覚を分かりやすくするため、コマセカゴは天秤の上に付けてぶらつかないようにした。

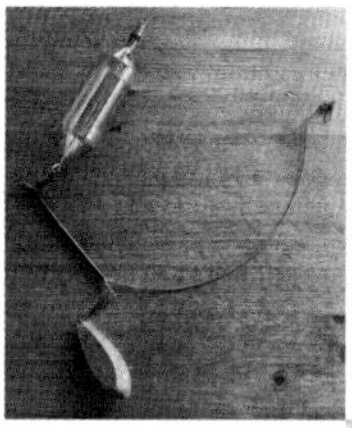
コマセカゴと
オモリは
別々のタイプ
を使用

エサは
やっぱり
オキアミ

①まずは船べりから真下に仕掛けを落とす。オモリが底に着くと竿がフワッと軽くなるので、リールを巻いてオモリを底から離す。

②カゴからコマセが出るよう竿をシャクって、仕掛け分（3ｍ）リールを巻く。しばらくアタリを待ち、反応がなければもう一度シャクる。この作業の繰り返し。

たか丸

リーズナブルな価格で楽しめる係留船釣りのほか、午前・ロング・夜間などの各種船釣りも充実。釣り具のレンタルや、エサ・氷の販売もあるので手ぶらで楽しめる。

☎ 0558-94-3214　㊔6：30〜22：30　㊡木曜　㊎係留船釣り1人2500円（16：00以降は4000円）

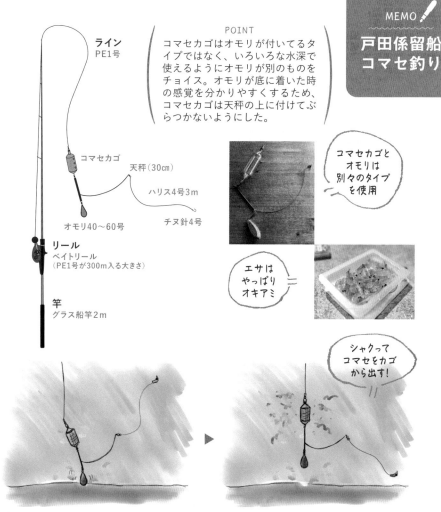

釣った魚で
簡単レシピ

Menu

イトヨリダイのグリリアータ グリーンピースソース

グリリアータはイタリア語で「焼き物」のこと。イトヨリダイは皮がおいしいので、揚げ焼きでカリッと香ばしくいただきましょう！

〈作り方〉

1. 魚を三枚おろしにして骨を抜き、食べやすい大きさに切る

2. 鍋に水と魚のアラ、グリーンピースを入れ、水が半分くらいになるまで煮る

3. 2 をフードプロセッサーに入れて滑らかにしたら、牛乳、生クリームを加え、塩・こしょうで味を整える

4. 魚の身に塩・こしょうを振り、小麦粉をまぶしたら、多めのオリーブオイルで揚げ焼きにする

5. 3 のグリーンピースソースと合わせて完成

材料（2 人分）

・イトヨリダイ（20㎝）…半身
・オリーブオイル…適量
・小麦粉…適量
・グリーンピース…60g
・水…200ml
・牛乳…50ml
・生クリーム…20ml
・塩・こしょう…少々

釣りに行ったら訪れたい 周辺スポット

Tagore Harbor Hostel

戸田湾を目の前に望む、空き旅館をリノベーションしたゲストハウス。1 階のカフェバーではワンプレートランチ（1000 円）やスペシャリティコーヒー（550 円）も味わえる。／**沼津市戸田 321-17　☎ 070-3247-3697　㊔ 11：00 ～ 22：00　㊡不定**

道の駅くるら戸田 壱の湯

源泉かけ流しの温泉で入浴料もワンコインと手軽。道の駅入口のテラスには無料の足湯もある。売店にある深海魚メニューも要チェック。／**沼津市戸田 1294-3　☎ 0558-94-5151　㊔ 10：00 ～ 21：00　㊡なし　㊎中学生以上 500 円、小学生 250 円**

ミニトーク①
深海魚直送便・青山沙織さん

ヘンテコだけど意外と身近。私たち、深海魚に夢中です！

戸田に来たら絶対会いたいと思っていた人がいました。私と同じ元・地域おこし協力隊で、一緒に「しずおかの海ＰＲ大使」を務めている青山沙織さん。彼女は今、「深海魚」を通じた活動で戸田を盛り上げている真っ最中です。

三浦　戸田といえば深海魚の底引き網漁（トロール漁）が盛んな町。青山さんが取り組んでいる「深海魚直送便」も今、ものすごく注目されていますね！

青山　もともとはユメカサゴとかメヒカリとか、食べておいしい深海魚を全国に直送する取り組みだったんだけど、漁で一緒に獲れる〝食べられない変な魚〟もおまけで付けたらそっちの方が人気が出ちゃって（笑）。今は食べられない深海魚だけを詰め込んで直送する「ヘンテコ深海魚便」というサービスも行ってます。

三浦　深海魚ってホントにヘンテコな魚が多いですよね〜。宇宙人っぽいというか、神秘的な感じがする。

青山　私が戸田に来たのは5年前だったんだけど、それはものづくりがやりたかったから。深海魚って普通の魚と違って色がきれいだったり、珍しい形をしていたりするじゃないですか。デザインとかアートのモチーフにしやすいかもって思ったんです。

三浦　確かに！　前に戸田の深海魚祭りに行った時も、深海魚たちがどーんと陳列されていて、イベントに来た子どもたちも夢中になって触っていましたよ。ちなみに、漁はどのあたりでしてるんですか？

青山　最初は近いところから始めて、だんだん距離を遠くし

青山沙織
兵庫県尼崎市生まれ。2018年、沼津市地域おこし協力隊に就任し、深海魚をテーマにしたデザインコンテストやフェスティバルを企画。戸田港で揚がった未利用魚を箱詰めにして発送する「深海魚直送便」が全国的に注目を集める。2021年に「グッドデザインしずおか」大賞を受賞。

ていくんです。御前崎ぐらいまで行く船もありますね。

三浦　一番のターゲットは？

青山　高い値がつくのはやっぱりタカアシガニやアカムツ、アカザエビとかかな。

三浦　焼津でもアカムツは高値で売れてますよ。それにゲホウ（トウジン）も有名ですよね！　見た目のインパクトがすごいやつ。

青山　地元の食堂がメニューとして出していて、だんだん認知度も上がってますね。首都圏からわざわざ食べに来る人も多いみたい。

三浦　深海魚っていうと特別な感じがするけど、キンメダイなんかも含まれるんですよね？

青山　深海魚は水深２００ｍ以下にいる魚だから、キンメダイもそうだし、タチウオなんかもそうですね。

三浦　そう考えると意外と身近な存在ですね、深海魚って。

青山　三浦さんが船釣りでよく釣っているアコウダイも深海魚だけど、あれはトロール漁では揚がらない魚。釣りと漁では獲れる魚が違うから面白いですよね。

三浦　確かに！　ところで、青山さんの今後の夢は？

青山　最近、戸田に家を買ったんですよ。そこを深海魚のテーマパークのような場所にできないかと考えています。魚の選別体験とか、刺し身を作る体験とかできたらいいな～と思っているんだけど。

三浦　それは楽しみ！　できたら絶対に遊びにいきますよ。

青山　ぜひ！　戸田は観光で立ち寄れる場所がまだまだ少ないので、みんなが集まれるところを作りたいと思っています。

深海魚ラブ！戸田港にあるミニ水族館ヘダトロールにて

釣りの便利アイテム

保存編

最後は魚を釣った後や釣りが終わった後にあると便利なものを紹介します。せっかく釣った魚は、新鮮に持ち帰っておいしく食べたいもの。例えばサビキ釣りでたくさん小魚が釣れた場合、バケツに入れっぱなしにしておくと魚が酸欠状態になるので、新鮮なうちにクーラーボックスへ入れるのがオススメです。

この時、小魚は**ファスナー付きのプラスチック袋**（ジップロックなど）に入れてから、ボックスの中で保存します。こうすれば中でバラバラにならず、汚れることもありません。ボックスには**水を入れて凍らせたペットボトル**も入れておくと、氷代わりになるほか、いざという時は飲み水にもなって重宝します。

ファスナー付きのプラスチック袋

水を入れて凍らせたペットボトル

珪藻土マット

キッチンバサミ

持ち帰った魚を家でさばく時は、**キッチンバサミ**があると便利です。ヒレなどの鋭利な箇所を先に切り落としておけば、包丁でさばきやすくなります。船釣りの時に持参すれば、血抜きの道具としてナイフ代わりに安全に使うこともできます。

最後は釣り道具のお手入れについて。釣りの後は、釣り具に海の塩分が付着しているので、早めに洗って錆の原因を取り除きましょう。水洗いしたリールやルアーは、水分を素早く吸収してくれる**珪藻土マット**の上に置いて乾かします。珪藻土は吸水性に優れていて、タオルや新聞紙のようにくっついたりしないのも長所。私はバスマット用のものを棚の上に置いてよく使ってます。

伊豆

izu area

変化に富んだ地形が織りなす、
最高の景色が目の前に。
釣り人だから味わえる、
観光地ならではの楽しみも。

（12）熱海港 タイプ／堤防 レベル／中級

これぞ伊豆名物！遠投カゴ釣り修業

Atami

温泉客で賑わう熱海は、釣りもアツい！港にある「熱海港海釣り施設」は、伊豆名物のカゴ釣りファンが1年通じて集まります。私も施設長にレクチャーをお願いして、極意を伝授してもらいました。

熱海港海釣り施設

全長約300mの堤防で気軽に釣りが楽しめる公園。エサ・仕掛け・バケツなどが付く貸し竿セットは1本2000円（2時間）。主な釣魚はアジ、イワシ、サバ、クロダイ、シロギス、ソウダガツオ、メジナなど。

熱海市和田浜南町1694-32 ☎0557-85-8600 (営)6：00～日没（11月～3月7：00～）(休)なし (¥)大人500円、小中学生300円 (駐)500円

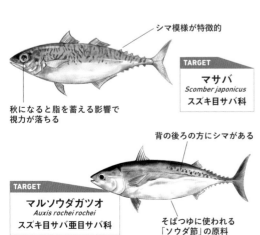

やわらかめの磯竿とカゴを使う

左／ハネ付きウキ　右／コマセカゴ

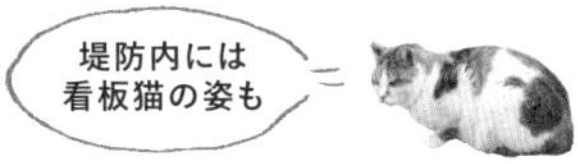

コマセを詰めたカゴを思いっきり投げる！

温泉街を目の前に望む熱海港海釣り施設は、初心者でも安心して堤防釣りができる人気スポット。場内にはスタッフの方が常駐しているので、困ったことがあれば何でもすぐに相談できるのが魅力です。もちろんトイレや水道、駐車場も完備。釣り具やライフジャケットもレンタルできるので、手ぶらでOKなのもうれしいです。

サビキ釣りやウキ釣りなど、基本的にはどんな釣りでも楽しめますが、実はこの施設、多くのカゴ釣り師に人気の釣り場でもあるんです。カゴ釣りとは、コマセカゴの付いた仕掛けを遠投して、沖から離れたポイントを回遊する魚を狙う釣り方のこと。伊豆半島はカゴ釣りがとても盛んな地域で、夏から秋にかけては港内に回遊してくるサバやカンパチ、ソウダガツオなどの青物を狙う釣り人で賑わいます。しかも、初心者向けのレクチャーも行われていて、わざわざ県外から受講しに来る人も多いそうです（実施状況は要確認）。

「マンツーマンで教えていますが、女性の釣り人も多いですよ。レクチャーを受けた人が、新しい受講生に教えることもあって、ちょっとした女子会ができるぐらい（笑）」

そう話す施設長の安田和彦さんは、カゴ釣り歴30年の大ベテラン。私はカゴ釣りの経験が数えるぐらいしかなかったので、レクチャーをお願いしました。

用意してくれたのは5・3mの磯竿。投げた時に飛距離が出るよう、反発力のあるや

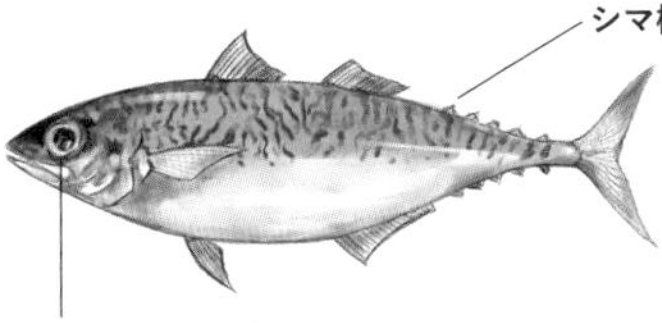
シマ模様が特徴的
秋になると脂を蓄える影響で
視力が落ちる

TARGET
マサバ
Scomber japonicus
スズキ目サバ科

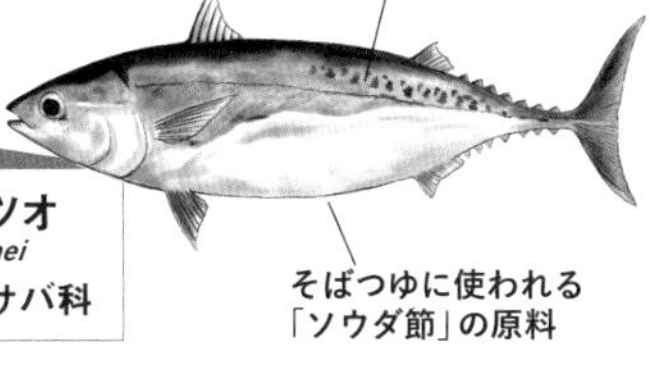
背の後ろの方にシマがある

TARGET
マルソウダガツオ
Auxis rochei rochei
スズキ目サバ亜目サバ科

教えてくれた人

カゴ釣りは女性にも人気だよ

安田和彦さん
熱海港海釣り施設長にしてカゴ釣りの名人

仕掛けの作り方

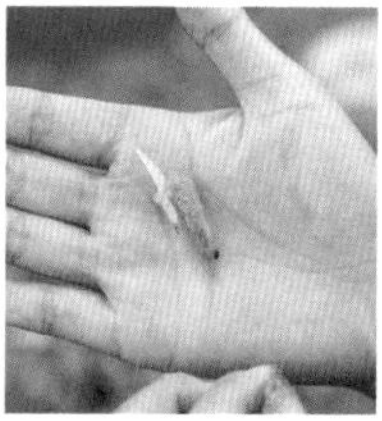

①ハリにエサをつける

②カゴにコマセをつめる

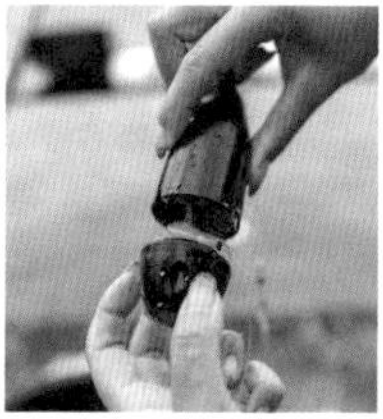

③付けエサをカゴに入れる

全力で投げて気分もスッキリ！

わらかめの竿がオススメだそうです。リールは4000番程度、6号のミチイトが100~130mほど巻けるものをチョイスします。糸は遠くからでも分かるよう、蛍光色のものを選ぶのがコツです。

カゴ釣りで大切なのは遠投ウキとコマセカゴの重さのバランス。カゴが重すぎると波が来た時にウキが沈んでしまうので、カゴに比べてやや軽めのものを選びます。例えば遠投ウキ10号を使う場合、カゴは8号を選ぶと、掛かった魚が小さくてもウキが沈み込むので、目で見てアタリが判別できます。

付けエサはオキアミ、コマセはアミエビを使用。カゴにコマセを詰めたら、刺しエサを針に付けてカゴに入れ、フタを閉めます。これはカゴの中に付けエサを入れておくことで、狙ったタナに到達する前にエサが取られないための工夫です。

遠投のコツは体重移動にあり

カゴ釣りで最も難しいのは、やはり仕掛け

いつか大物釣るぞ

小ぶりのイサキ（ウリボウ）が釣れました

駅前の平和通り商店街を散策

＼あったか～い／

手湯「福福の湯」でまったり

の投げ方。背後に注意しながら、竿を後ろに倒して、竿先の軌道が半円を描くように振り下ろします。大切なのは体重移動。肩や腕だけでなく、全身を使って投げるのが、遠くへ仕掛けを飛ばすコツです。温泉街に向かってキャストする状況はちょっとシュールですが、勢いよく仕掛けが飛び出していく様子はゴルフみたいで爽快！

着水したらコマセと付けエサがカゴから出るように、思い切りアオリます。ウキが沈んだらアタリの合図ですが、着水して5分ぐらい経っても反応がなければ仕掛けを戻して、エサを詰め直します。

この施設の場合は堤防から40mぐらい先に魚の回遊ポイントがあるそうです。ところが、私は飛距離が足りず、いつも10mぐらい手前で着水。「もっと左手を使って！」と脇から飛んでくる安田さんのアドバイスを受け、投げ方を修正していきます。アタリが来て、焦ってアワセようとした時も「まだ早い！」と安田さんの声が（笑）。こちらの悪いクセを見抜いて、的確な助言をしてくれるのはありがたいです！この日釣れたのはアジやウリボウ（イサキ）といった小ぶりの魚たち。もっと修業していつかは大物を釣り上げたいですね。

釣りの後は…

熱海港海釣り施設には、提携店へ釣魚を持ち込むと、店の人が調理してくれるプランがあります。今回は熱海銀座の「海鮮食楽市場」で、釣れた魚を刺し身と唐揚げにしてもらいました。小ぶりな魚もお造りにしてくれて感激！プランを利用するには店舗メニューの別途注文が条件なので、各店自慢の料理もぜひ味わってください。私は一番人気の海鮮丼を堪能しましたよ。

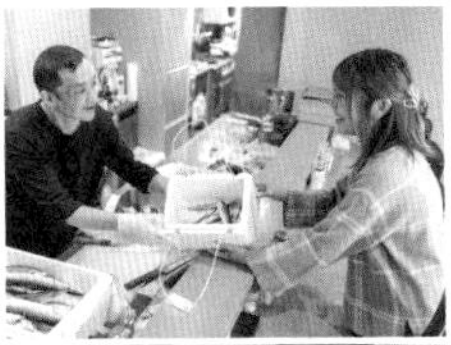

右／釣った魚は直接持ち込む
下／魚に合わせて調理してくれる

＼豪勢！／

海鮮食楽市場／熱海市銀座町 5-8　☎ 0557-81-5751
(営)11：00～15：30　(休)不定　(¥)調理代 500 円～

MEMO

熱海 遠投カゴ釣り

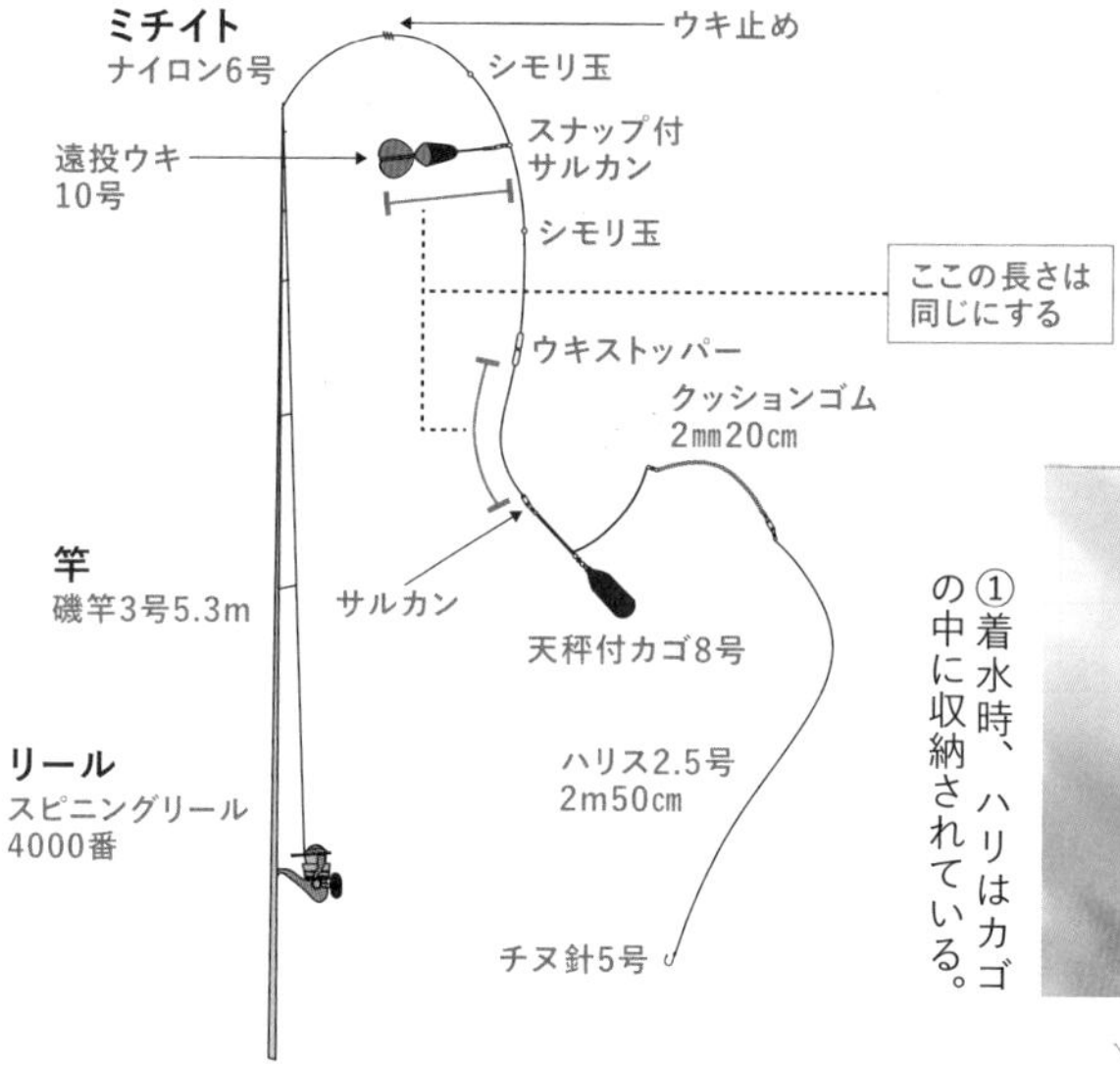

POINT

磯竿は女性の場合は３号、男性は４号がオススメ。シモリ玉は中サイズ、ウキ止め糸は８回巻く程度が適切。ウキストッパーから天秤のサルカンまでの長さは、ウキと同じ長さにする。

熱海港海釣り施設MAP

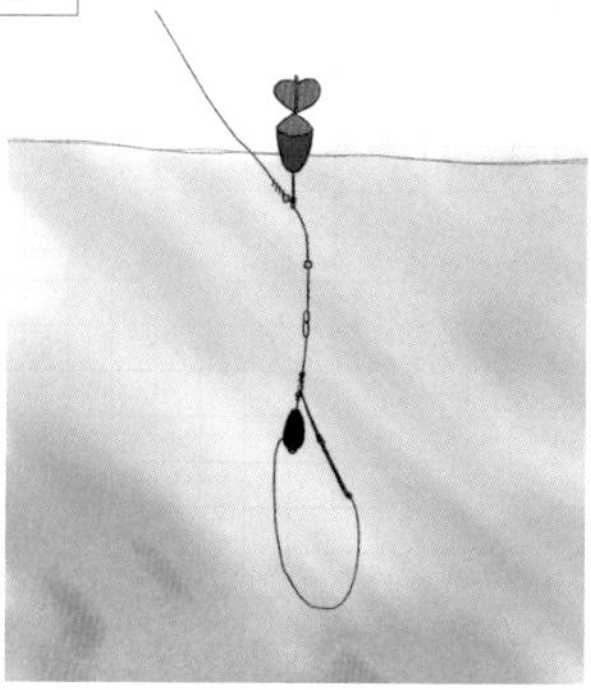

①着水時、ハリはカゴの中に収納されている。

▼

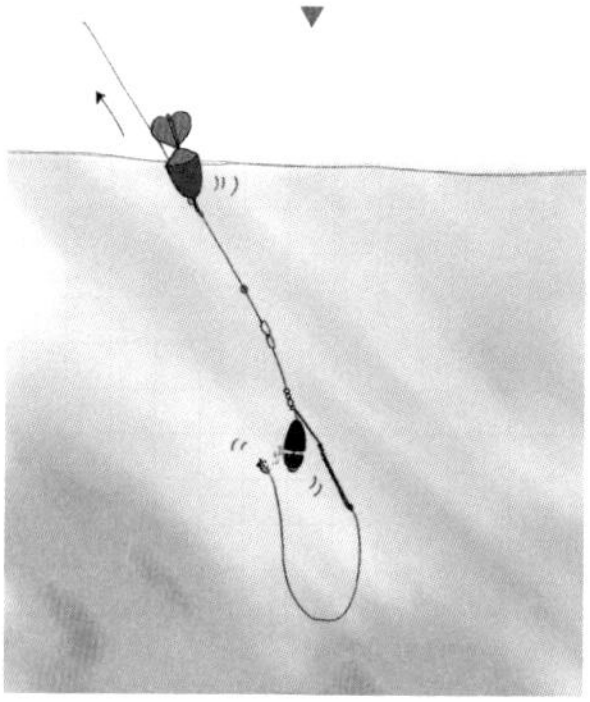

②竿を思いっきりアオることでカゴからハリが出る。

▼

③ハリとともにコマセもカゴから出るので、付けエサと同調させる。

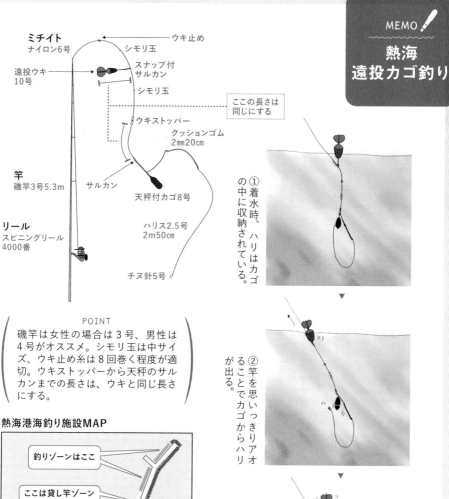

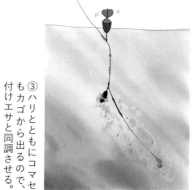

釣った魚で
簡単レシピ

Menu
炙り〆サバ

砂糖をまぶして水分をしっかり抜くのがおいしくするコツ。きび砂糖がなければ普通の砂糖や酢でも代用可能です。

〈作り方〉

1. 三枚におろしたサバ（肋骨は付けたまま）にきび砂糖をまぶす

2. 冷蔵庫で1時間寝かせたら砂糖を洗い流し、水気を拭き取って塩をまぶす

3. 再び冷蔵庫で1時間寝かせたら、塩を洗い流し、水気を拭き取る

4. ジップロックにレモン酢と小さじ1のきび砂糖を入れ、サバを入れて冷凍庫で24時間寝かせる

5. さっと洗い流して水気を拭き取る。中骨を抜いて、肋骨を削ぎ切ったらうす皮を剥ぐ。食べやすい大きさに切り、バーナーで炙る

材料（2人分）
・サバ…1尾
・きび砂糖…まぶす用・混ぜる用各小さじ1
・塩…適量
・レモン酢…100ml

釣りに行ったら訪れたい　周辺スポット

オーシャンスパ Fuua

名物の露天立ち湯は開放感抜群で、海と一つになった感覚に。リゾート気分を味わえるラウンジや2種の岩盤浴も人気。海釣り施設利用者は割引券がもらえる。／**熱海市和田浜南町10-1 ☎0557-82-0123 ㊑10：00～22：00 ㊡不定 ￥平日基本：大人3080円～、4歳～小学生2310円～**

La DOPPIETTA

熱海銀座にあるおしゃれなジェラート店。丹那牛乳や稲取産キウイ、清水の柑橘類など、県内の契約農家から仕入れた食材を使ったフレーバーが豊富。シングル、ダブルともに600円。／**熱海市銀座町10-19 ☎0557-81-3330 ㊑10：00～18：00 ㊡木曜**

(13) 下田港

タイプ／船　レベル／初級

黒船に遭遇!? 港内釣りで大はしゃぎ

Shimoda

漁業と歴史の町・下田でステキな釣りを発見！ 湾内のど真ん中で楽しむ「港内釣り」は、黒船や小島など下田ならではの光景がたっぷりと堪能できます。

伊豆下田マリンセンター

「下田港内釣り」は波が穏やかな湾内で2時間半の船釣りが楽しめる。出港時間は午前9時半と午後1時半（冬場は午後のみ）。釣り物はシロギス、カマス、イワシなど。2・3月は下田の海で養殖したワカメ狩り体験プランもある。

下田市1-23-12　☎0558-27-3322
㊎湾内釣り7700円（7～9月は8800円、12～2月は6600円）

寝姿山を眺めながら出航

陽気な船長！伊豆下田マリンセンターの飯田清一さん

穏やかな湾内で カマス釣りに挑戦

　下田といえば、幕末にペリー提督が来航したことで知られる町。キンメダイの水揚げ量日本一の地としても有名で、キンメ釣りの遊漁船も数多く出航しています。

　そんな下田で船釣り初心者にぴったりの釣りを見つけたので、ぜひ紹介させてください。伊豆下田マリンセンターが運営する「港内釣り」は、沖堤防に守られた港内で釣りができる人気のプラン。波が穏やかで揺れが少ないので、小さな子どもや船酔いしやすい人も安心して釣りが楽しめます。

　私が訪れたのは、秋も深まる11月上旬。稲生沢川沿いにあるお店から小型の船に乗り込み、下田湾へ向かいました。この日のターゲットはカマス。そのほか、シロギスやイワシなど、船長が季節に合った魚を釣らせてくれます。釣り具やライフジャケットもすべてお店で借りられるので、手ぶらでOK。5分ほどで到着する釣り場は下田湾のど真ん中で、犬走島から須崎半島、寝姿山までぐるっと見渡せる眺めはまさに絶景です！

　スタッフの方が準備してくれた船竿を受け取り、早速釣りをスタート。仕掛けはカマスサビキや食わせサビキで、魚の反応を見ながらスタッフの方がチョイスしてくれます。カマスはフィッシュイーターなので、コマセを使わずにハリ元についたフラッシャーでアピール。鋭い歯に負けないよう、ハリスは7〜10号と太めのものを使います。

　仕掛けを海に落とす時は、魚に怪しまれないよう、糸を指で押さえながらゆっくりと沈

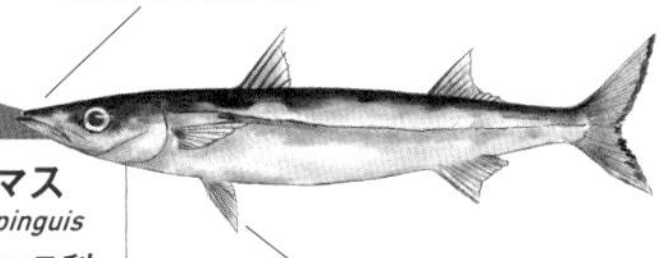
受け口で歯が鋭い
体が細く、大きな群れを作る

TARGET
アカカマス
Sphyraena pinguis
スズキ目カマス科

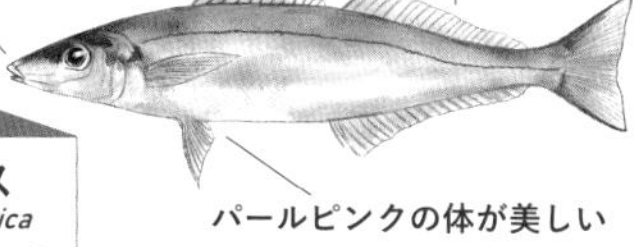
小さく細長い口
通称・砂浜の女王

TARGET
シロギス
Sillago japonica
スズキ目キス科

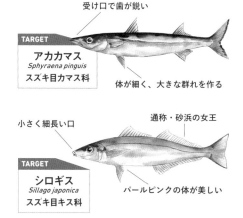

釣りの間は湾内を周遊するサスケハナ号に何度も出会える！

歯が鋭いのでハリを外す時はペンチを使う

サビキ仕掛けでカマスをゲット！

下田湾の中心で絶景に出会う！

キッズも夢中！

波が穏やかで子どもでも楽しめる

めましょう。オモリが底に着いたらリールを巻いて少し浮かせ、竿を上下に揺らして誘います。魚が食いつくと竿が海に引き込まれるような感覚があるので、慌てずリールを一定の速さで巻いていきます。

釣りの間はこまめに仕掛けを戻し、仕掛けが噛み切られていないかチェックするのもコツ。船長が頻繁に場所を移動してくれるおかげもあり、この日は仕掛けを落とすたびに次々とアタリが到来しました。特に金フラッシャーの仕掛けが好調で、同乗していた子連れのファミリーも夢中になって釣り上げていました。

釣った魚は大ボリュームの海鮮料理に

釣りの最中には、巨大な黒船が目の前を横切るというサプライズも！実は湾内では遊

＼カマスが天ぷらやお刺身に／

伊豆海鮮 瀧／下田市 1-4-27
☎ 0558-36-3713　㊤10：30〜21：00　㊡なし　㊉調理代大人 2600 円、小学生以下 2200 円（港内釣り利用者は 400 円引き）

看板娘のミサさんも大の釣り好き　下田漁具／下田市 2-5-9
☎ 0558-22-0966
㊤ 8：30 〜 18：00
㊡年末年始

覧船「サスケハナ号」のクルージングが行われていて、春や秋には乗客があげるエサを求めてカモメたちが乱舞する姿も見られるんです。2時間半ほどの釣りでしたが、10匹以上の釣果で大満足。これぞ下田！という光景にも出合えてステキな時間を過ごせました。

さて、下田湾内釣りの魅力はこれだけではありません。釣った魚は伊豆急下田駅前にある「伊豆海鮮 瀧」に持参すると、魚種や脂の乗り具合などに合わせてメニューを作ってくれるんです。早速調理を頼むとカマスの刺身、天ぷら、唐揚げに加え、他の魚の刺身盛り合わせや煮付けまで出てきて大ボリューム！天ぷらはフワッとした白身の味が引き立っていて美味でした。

釣りの後は…食後は下田の町を散策しました。老舗の釣具店・下田漁具には地元の漁師さん御用達の自社製品がずらり。一般向けのルアーやエギ、サビキなども充実していて、最近はオリジナルのキンメTシャツも人気だそうです。壁一面に架けられたタコベイトはカラフルで、新たな映えスポットになるかも（笑）。

最後は風情あふれるペリーロードを歩いて、観光気分を満喫。レトロな石畳の先にはペリー提督ゆかりの了仙寺があり、開港の歴史を紹介するミュージアムもあります。さっき海で見た黒船の絵も飾られていて、下田のことをもっと知りたくなりました！

川沿いのペリーロードは柳と古民家が並んで情緒たっぷり

MEMO 

下田カマスサビキ釣り

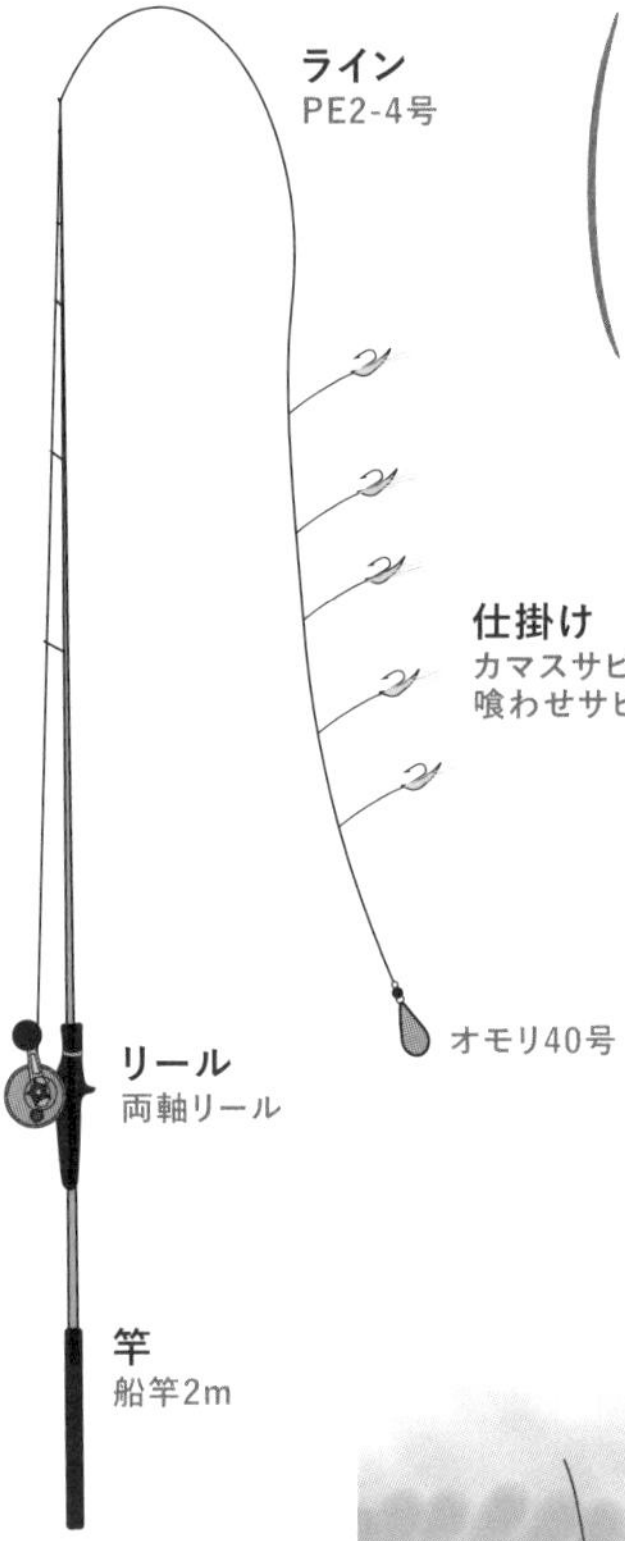

POINT

フィッシュイーターのカマスは歯が鋭いので、太めのミチイトをチョイス。カマスバリは長軸なので飲み込まれにくく、ハリとの結び目を切られにくい構造になっている。

＼コマセは不要！／

キラキラしたフラッシャーでカマスにアピール

親切に案内してくれました！

伊豆下田マリンセンターのみなさん

着底前に食いつくことも！

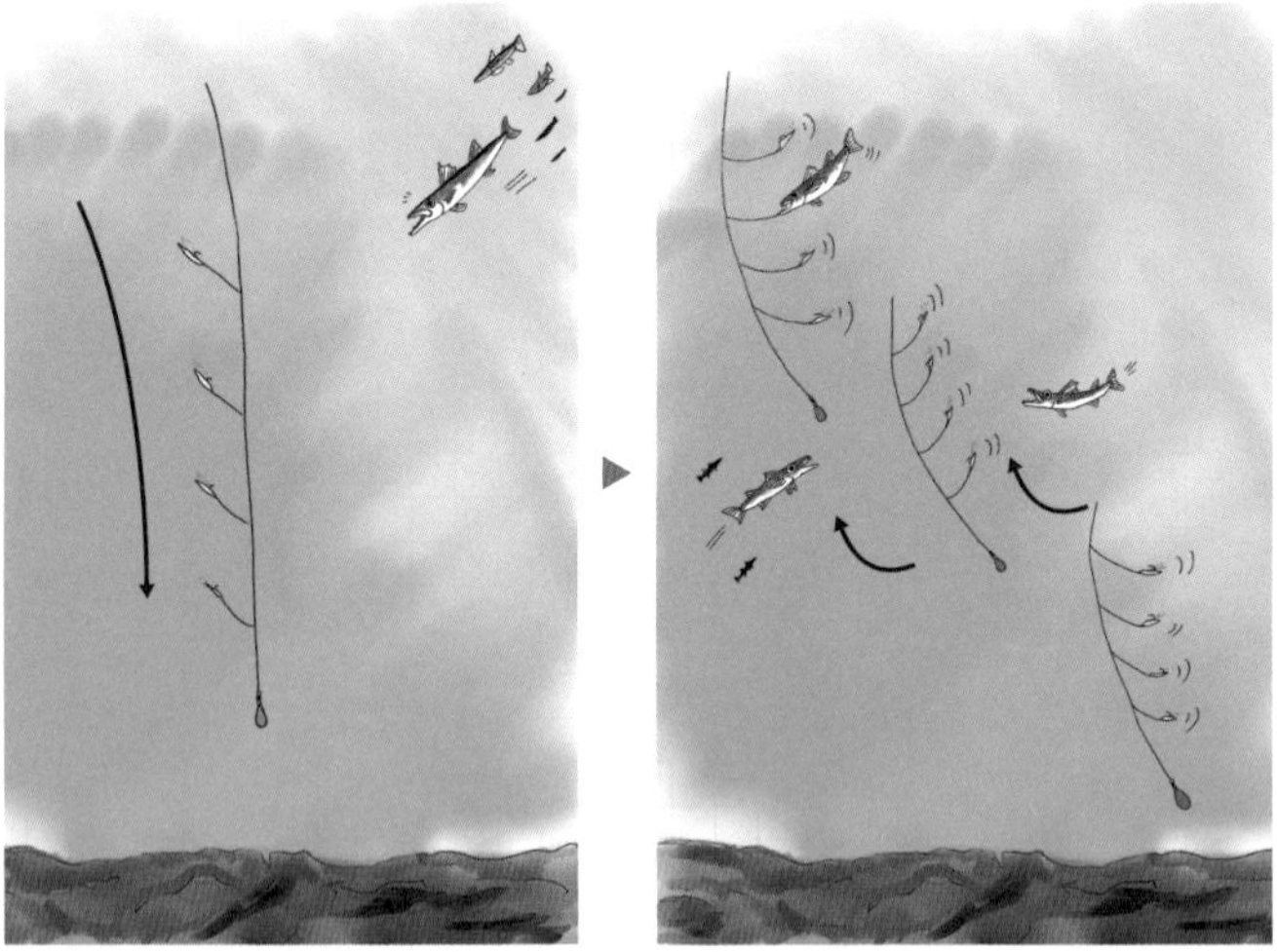

①仕掛けを海底まで落とす　②竿をシャクリ上げてアクションをつける！

市販のカマス仕掛け

仕掛けを漂わせているだけでも、ハリがふわふわと漂うので魚にアピールできる。釣りの間は船長がタナを教えてくれるので、指示通りの高さに仕掛けを入れられるかがカギ。

釣った魚で
簡単レシピ

Menu
炙りシロギスのブルスケッタ

下田港内釣りでは、シロギスも人気の釣り物。定番料理は天ぷらですが、刺身も美味です。皮目を炙れば香ばしさもアップ！魚はカマスでも代用できます。

材料（2 人分）
- ・シロギス（20cm程度）…2尾
- ・ミニトマト…10個
- ・ブラックオリーブ…4個
- ・ニンニク…1片
- ・オリーブオイル…大さじ1
- ・塩・こしょう…適量
- ・バゲット…食べる分

〈作り方〉

1. ミニトマトを角切りする。ニンニクは 1/2 片をすりおろす

2. ボウルに **1** と刻んだブラックオリーブを入れ、塩・こしょうする。オリーブオイルを加えてよく混ぜたら、冷蔵庫に 1 時間ほど置く

3. 薄切りにしたバゲットを焼き色がつくまで焼き、残ったニンニクの切り口をこすりつけて香りを移す

4. シロギスのウロコを取り、3 枚おろしにする。骨を抜いて食べやすい大きさに切ったら、軽く火で炙る

5. バゲットに **2** のソースと **4** のシロギスを乗せる

釣りに行ったら訪れたい **周辺スポット**

Café Den

レモンイエローとブルーで統一された店内が、海を感じさせるカフェ。季節のケーキ（450 円～）は、どれもやさしい味わいでほっとひと息つける。オーナーの土屋雪枝さんとのおしゃべりも楽しい。／**下田市 3-2-21　☎ 0558-22-2345　㊋ 10：00 ～ 18：00　㊡木・金曜**

MoBS 黒船ミュージアム

江戸・明治の絵図や写真、史料などを展示。幕末の歴史が分かるシアターも上映している。黒船をテーマにしたオリジナルグッズはどれもかわいい！／**下田市 3-12-12　☎ 0558-22-0657　㊋ 9：00 ～ 16：30　㊡ 12/24 ～ 26　㊎大人 500 円　小中高生 250 円、シニア 400 円**

（14）西伊豆沖

タイプ／船　レベル／初級

「ツッテ西伊豆」で釣りも観光も満喫

Nishiizu

釣った魚で買い物ができる。そんなユニークな取り組みが今、西伊豆町で人気を集めています。釣りと観光がセットで楽しめる「ツッテ西伊豆」を体験しに、仁科港へ出かけました。

龍海丸

親子で営む「ツッテ西伊豆」の提携船。ツッテ西伊豆のイサキ・五目釣りは4時間コースで、竿・手動リールのレンタル無料（電動リールは1組1000円）。そのほか、船釣りや磯渡しなど各種プランあり。釣果はFacebookなどで発信中。

西伊豆町仁科沢田1963-5　☎0558-52-0814　Ⓨツッテ西伊豆 4時間仕立て 3人まで28000円（4人目以降は1人につき＋6000円）

＼イサキ爆釣！／

イシグロの村上さんも同船

ゲット

釣り船店で「認定証」をもらってはんばた市場へGO！

提携船で釣った魚を地域通貨に交換

駿河湾に面した西伊豆町は、海に沈む夕陽がとても美しい町。火山がつくった独特な岩場や崖が続く海岸線はここならではの光景で、いつ来てもワクワクした気持ちにさせてくれます。

そんな西伊豆で2020年から始まったのが、釣った魚を地域通貨に交換できる「ツッテ西伊豆」という取り組み。「はんばた市場」と提携している遊漁船で魚を釣ると、町内で使える電子通貨「サンセットコイン」に代えてくれるんです。コインが使えるお店は、町内になんと150店以上。食堂や直売所、旅館、温泉、ガソリンスタンドなど、いろいろなお店で利用ができるから、海釣りと散策を一度に楽しみたい人にぴったりです。

5月中旬、午前6時。仁科港から出航し、堂ヶ島沖へ向かいました。お世話になったのは親子二代で営む網元の宿・龍海丸。町内には「ツッテ西伊豆」と提携している釣り船がいくつかあり、いずれも手ぶらで釣りができるプランがあるから初心者でも楽しめます。

TARGET

イサキ
Parapristipoma trilineatum
スズキ目イサキ科

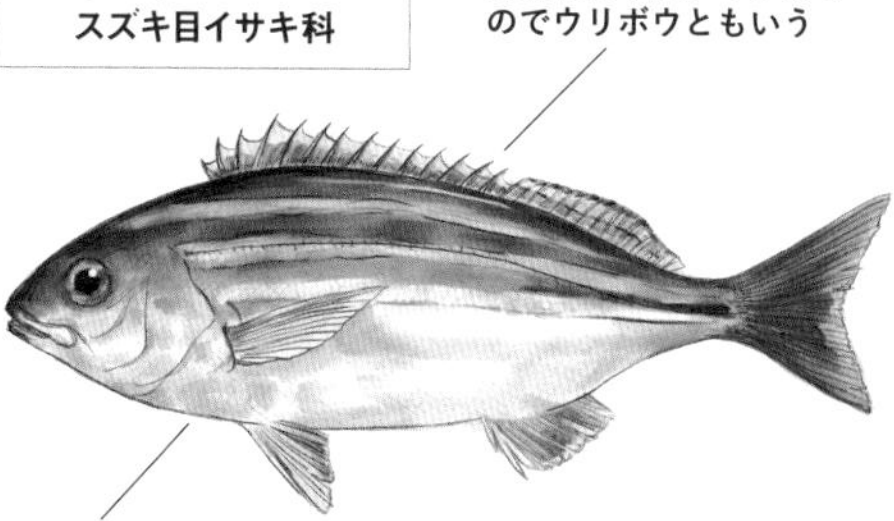
幼魚は背中にシマがあるのでウリボウともいう
旬は産卵を控えた初夏。「梅雨イサキ」「麦わらイサキ」と呼ばれる

10分ほどでポイントに到着し、早速釣りを始めました。狙う魚はイサキ。浅い岩礁域に棲息していて、産卵期の初夏が旬の魚です。船が用意してくれたレンタルタックルを使って、今回はビシオモリを使ったコマセ釣りに挑戦します。リールは電動なので、力に自信のない女性や子どもでも安心。簡単に仕掛けが引き上げられるから、コマセを詰め替える作業が楽なのも魅力です。

釣りの最中は船長が狙うタナを教えてくれ

交換の方法

①はんばた市場に釣れた魚を持ち込む

お願いします！

②認定証を受付に渡す

③店員さんが計量してくれる

④アプリ or カードでサンセットコインをゲット！

釣った魚でお買物 温泉だって入れちゃう

コインで
買い物
できる！

はんばた市場／**西伊豆町仁科980-4　☎0558-36-3950　㊔8：30~15：00　㊡第4火曜**

西伊豆で獲れた魚もいっぱい

るので、電動リールの表示を見ながら、指示された深さ＋ハリスの長さ（今回は3ｍ）まで糸を送り出します。目標の地点まで沈んだら糸をストップ。ハリスを少し海になじませたら、水中にコマセをばら撒くため竿を勢いよく持ち上げてシャクります。糸が緩まないよう、竿を下ろすタイミングでリールを少し巻いたら、再びシャクる！この動作を2〜3回続け、糸をハリスの長さ分を巻くと、仕掛けが指示ダナに到達するので、竿を固定してアタリを待ちます。船長の的確な指示のおかげで、この日はイサキが爆釣！同行してくれたイシグロスタッフの村上友規さんと2人で20匹以上を釣り上げました。

見た目や鮮度も大事！

魚が釣れたら、ナイフでエラの内膜を切って丁寧に血抜きをします。魚を買い取ってもらう際に重要なのは「鮮度」。見た目も大切なので、アゴを外さないように気をつけます。血抜きの方法が分からない人は、船長に聞いてみてください。この日はイサキのほかレンコダイやサバも釣れて、まさに大漁でした！

釣りの後は…3時間ほどで釣りを終え、仁科港に戻ると、船長から「ツッテ西伊豆」の認定書を受け取りました。この認定書と釣った魚を持って、港近くにある「はんばた

さ〜て、
ごはんにするか

沢田公園露天風呂／**西伊豆町仁科 2817-1　☎ 0558-52-2400　㊢ 9：00～19：00（季節により変動）　㊡水曜（祝日の場合は翌日）　¥ 12 歳以上 600 円、6 歳～ 12 歳未満 200 円**

市場」へ向かいます。スタッフの方に認定証を見せるといよいよ交換スタート。どんな値がつくのかは、その日の相場次第です。

計量の結果、この日の釣果は約4kgで2128ユーヒ（1ユーヒ＝1円）になりました。コインは専用カードかアプリ、好きな方で受け取れます。もちろん、はんばた市場での買い物もコインの使用OK！店頭には塩かつおやウツボの唐揚げ、柑橘類など地場産品が並んでいるので、お土産選びに活用できます。

「自分が釣った魚を味わいたい」という人は、魚をすべて交換せず、一部を地元の飲食店で料理してもらうのもオススメ。食事処「旬感 竹内」では、事前に予約し、当日午前11時までに釣った魚を持参すれば、魚に合った料理に仕立ててくれます。調理には少し時間がかかるので、帰港したらすぐに持っていきましょう。この日釣ったイサキは煮付けにしてもらいましたが、甘めの味付けで身がふわふわでした！

海沿いの沢田公園露天風呂もコインが使えます。駿河湾を望みながら湯に浸るひとときは、まさに格別。天気のいい日はきれいな夕陽も眺められて、釣りの疲れも吹き飛んじゃいます。

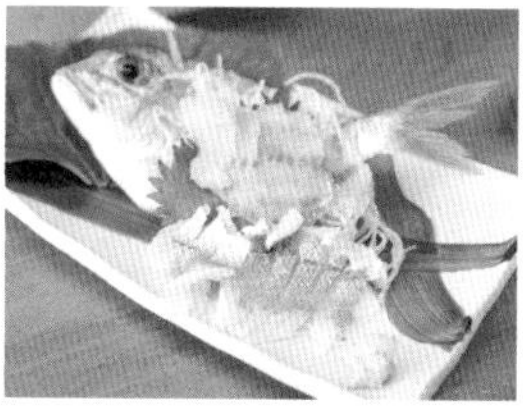
レンコダイの刺身

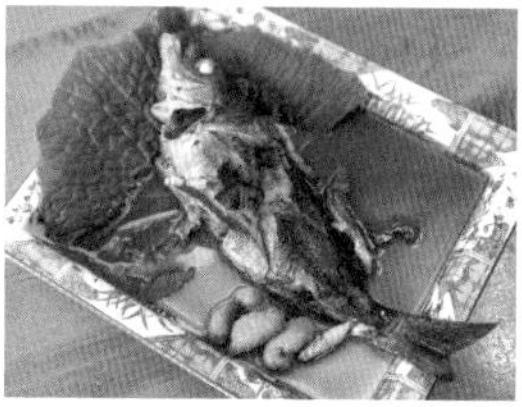
イサキの煮付け

旬感 竹内／**西伊豆町仁科 458-5　☎ 0558-52-0676　㊢ 11：30～14：00、17：00～21：00　㊡不定　¥ 調理代 500 円～**

MEMO
ツッテ西伊豆コマセ釣り

POINT
クッションゴムはマダイなどの大物がかかった際、ハリスが切れないようにするためのもの。口の弱い魚の口切れ防止にもなる。

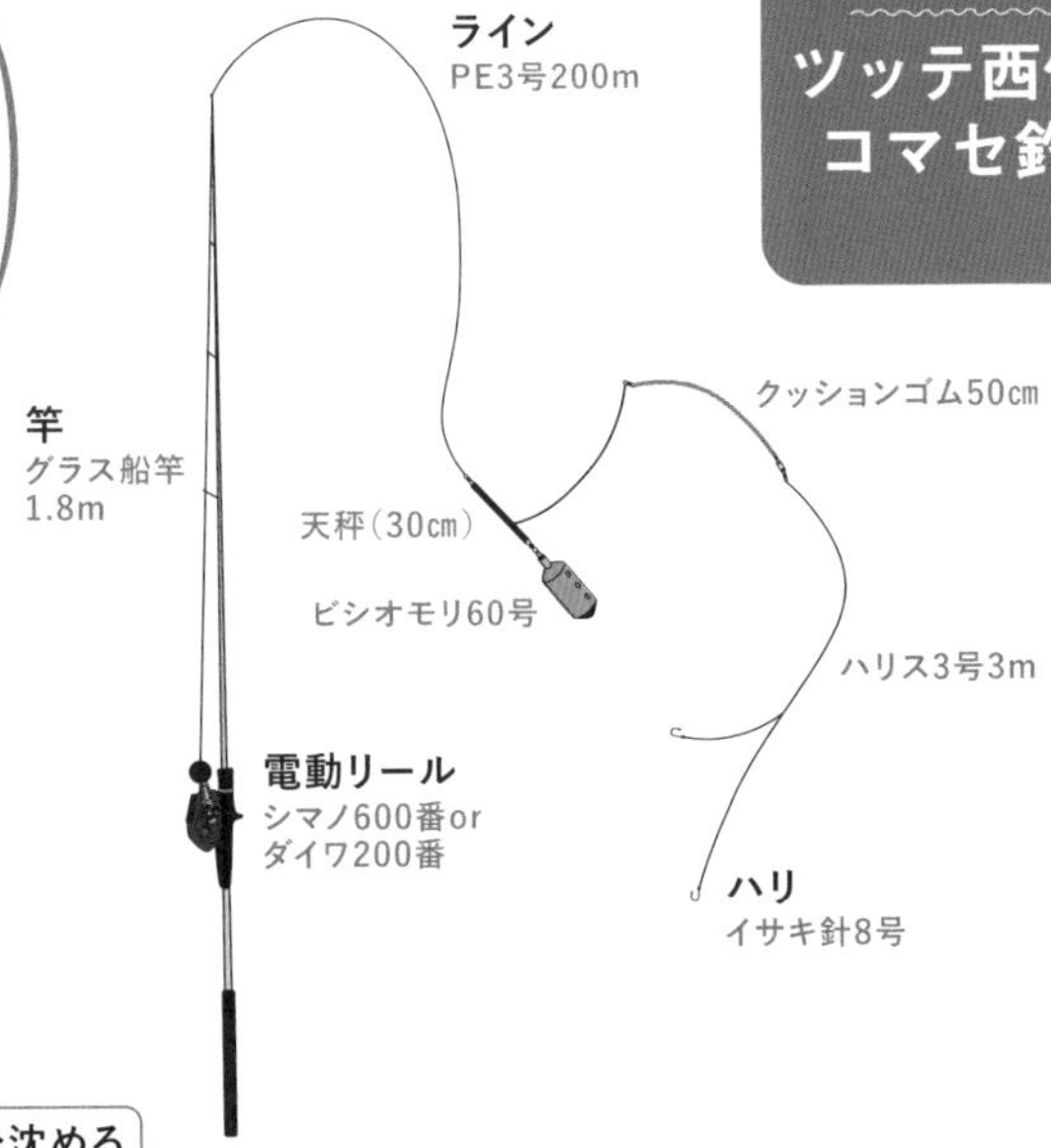

締め方のコツ

エラに親指をぐっと押し込む

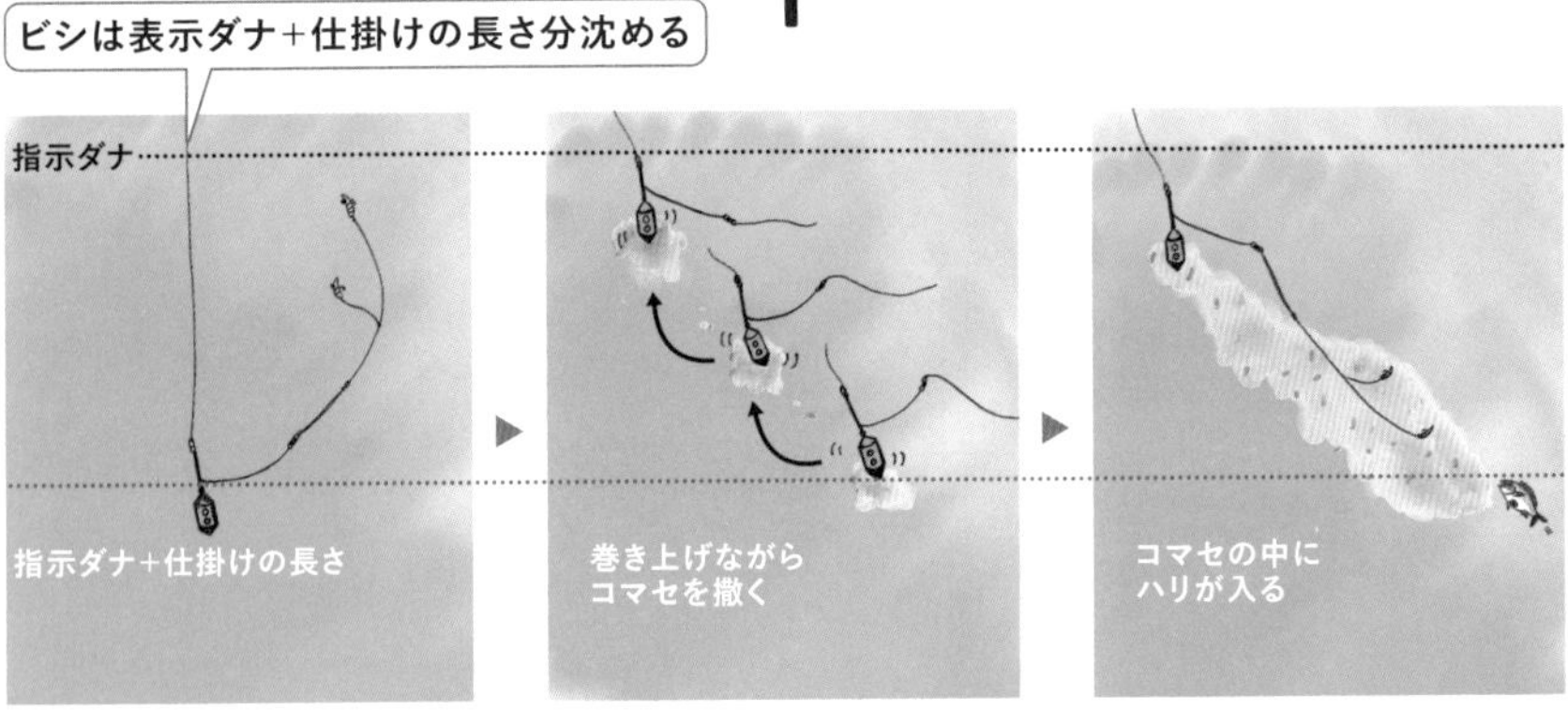

船釣りではまず「船長が指示したタナ＋仕掛けの長さ」の分だけ仕掛けを沈め、シャクリながら仕掛けの長さ分だけリールを巻ことで、狙ったタナにエサを送り込む。

＼遊びに来てね／

ツッテ西伊豆の発案者・松浦城太郎さん

いつもお世話になっている龍海丸の山田親子

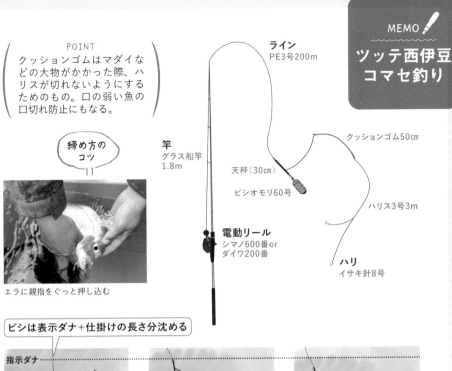

Menu

イサキの生ハム

一夜干しなどを手軽に作れるピチットシート（食品用脱水シート）を使ったレシピです。冷蔵庫で寝かせている時は、水分の抜け具合を時々確認してください。ちょっと表面が硬いぐらいがベスト！

〈作り方〉

1. イサキのウロコと内臓を取って、三枚おろしにする

2. 皮を剥ぎ、骨を抜いたら塩水で洗い、キッチンペーパーで水気を拭き取る

3. ピチットシートの上に置き、両面にハーブソルトをまんべんなくまぶす。シートを被せたら冷蔵庫で１～２日寝かせる

4. 薄く切り、オリーブオイルをかける

材料（２人分）

・イサキ（30cm程）…1尾
・ハーブソルト…適量
・オリーブオイル…適量

サンセットコインが使える　周辺スポット

satouya

ガトー・フレーズ（517円）はほどよく甘い生クリームと、卵のスポンジが相性ばっちり！伊豆の柑橘類を使った「西伊豆夕陽のマドレーヌ“想”」（297円）もお土産にぴったりです。／**西伊豆町仁科257-2　☎0558-52-3108　㊑10：00～18：00（カフェは16：30まで）　㊡火～木曜**

宇久須キャンプ場

目の前にビーチが広がる、伊豆半島最大級のキャンプ場。夏場は海水浴も楽しめるほか、釣りOKの桟橋もある。１区画25㎡なのでゆったり楽しむなら２サイトの予約がオススメ。／**西伊豆町宇久須町2102-13　☎0558-55-0311　㊑4月第１土曜～11月末　㊡なし　㊎基本5500円　(駐)1000円**

（15）石廊崎

タイプ／磯	レベル／上級

伊豆最南端へ 絶景！磯釣りの旅

Irouzaki

県内をぐるっと巡ってきた釣り旅のラストは、最高難度の磯釣りに挑戦！　南伊豆町の石廊崎から一級磯に向かい、憧れのメジナを狙いました。

喜美丸

石廊崎にある渡船店。東は牛ケ瀬から西はカツオ島まで、南伊豆の沖磯への瀬渡しを行う。釣りの間も希望すれば船で迎えにきてくれるので女性も安心。初心者にオススメの磯は足場が安定している陸の丸島や飛根。釣り時間は夜明け～午後２時。

南伊豆町石廊崎 371-1　☎ 080-5092-0800　㊎渡船料 5000 円

これが今日の釣り場
「陸の丸島」

渡し船に荷物を積み込み。荷物は自分のものと分かるよう名前や目印をつけておく

いざ石廊崎《いろうざき》から、陸《おか》の丸島へ

海底火山群がつくったダイナミックな地形が魅力の伊豆半島は、磯釣りの聖地として有名です。特に東・南・西伊豆の海岸には釣りに適した一級磯が数多くあって、多くの釣り人たちの憧れの地になっています。

でも、磯釣りというと上級者向けのイメージが強く、ハードルの高さを感じる人も多いのではないでしょうか。かくいう私も磯釣りはほぼ初心者（汗）。

というわけで、まずは磯釣りに必要なアイテムからチェックしましょう。磯の足場はゴツゴツしているので、スパイクシューズは必須。救命胴衣は「磯・ルアー用フローティングベスト」のタイプを身に付けます。膨張式の救命具は尖った岩で破れてしまう危険があるので絶対NG。磯は日陰がないので、帽子や日焼け止めなども用意します。冬はウインドブレーカーもお忘れなく。

磯には陸から地続きの「地磯」と、海に囲まれた「沖磯」の2種類があります。地磯の場合は歩いて行ける場合もありますが、基本的には釣り船店を利用して船で渡してもらいます。今回お世話になったのは石廊崎にある「喜美丸」。船長の鈴木さんは私と同世代で、初心者にもやさしいナイスガイ。磯釣りというと「トイレが心配」という女性も多いと思いますが、船長に電話すればすぐに迎えにきてくれるから安心です。

釣り当日、出船時刻の30分前に石廊崎の船着き場へ行くと、すでに他のお客さんたちで

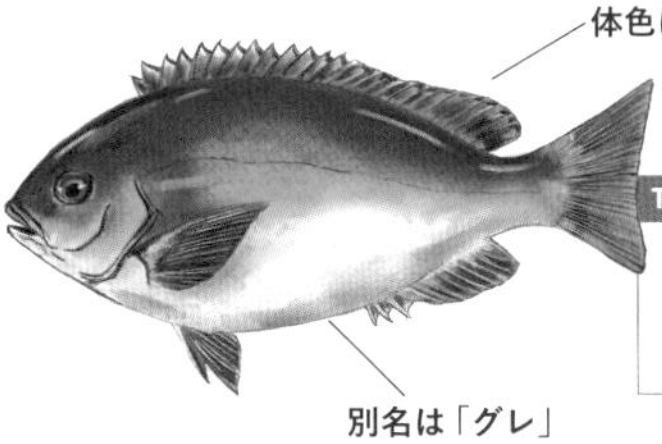

TARGET
メジナ
Girella punctata
スズキ目イスズミ科

クロメジナ

オキナメジナ

今回使ったエサ（1日分）
ベースエサ：グレパワー VSP 1 袋
集魚用エサ：アミパワーグレ 1 袋
遠投用エサ：グレパワー沖撃ちスペシャル 1 袋
オキアミ：1/4 切れ（4kg）× 3 個

コマセの作り方

①解凍したオキアミ（1.5 枚）をバッカンに入れて細かく砕く

②ベースエサ（1 袋）と集魚用・遠投用エサ（各 1/2 袋）を入れて混ぜる

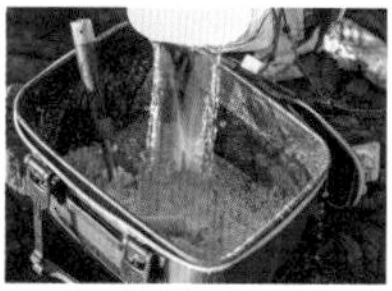
③海水を入れて混ぜる

④ハンバーグのたねぐらいの硬さになったら完成
※残りのエサは足りなくなったら適宜追加する

賑わってました。乗船名簿に住所や連絡先を記入し、船に荷物を運び入れたらいざ出船。基本的に磯渡し船はお客さんを全員同じ船に乗せ、１グループずつ順番に目的の磯へ案内します。

　南伊豆には良好な磯がたくさんあり、その日の天候や参加人数に適した磯を船長が選んでくれます。私たちの磯は、沖磯の中では比較的大きい陸の丸島（通称オカマル）。わずか5分足らずで到着すると、船長が船首を磯にくっつけて上陸を促してくれました。

ウキフカセ釣りでメジナを狙う

　磯上がりの瞬間はちょっと緊張。まずは荷物を持たず、身一つで素早く磯に飛び移ります。この時、磯と船に片足ずつ足をかけてしまうと、落下の危険があるので絶対にＮＧ。無事に磯に移れたら、他のお客さんがバケツリレー方式で船から荷物を次々に手渡ししてくれます。まさにチームプレー！

　磯に上がったら、早速釣りの準備。この日は同行してくれたイシグロフィッシングアドバイザーの加藤義之さんに教わりながら、メジナのウキフカセ釣りに挑戦しました。

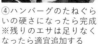

　メジナは「グレ」とも呼ばれ、青黒くつるりとしたボディーと強烈な引きで多くの釣り人を魅了している魚。このメジナをコマセ（撒き餌）でおびき寄せ、同調させた付けエサを食わせるのがウキフカセ釣りです。

　船から降ろし忘れた荷物がないかチェックが済んだら、コマセ作りからスタート。まずは解凍したオキアミをマゼラーで砕きます。今回は足元にいるメジナを狙うので細かめに粉砕。一方、夏に青物を狙う場合は、遠くま

柄杓を使って狙ったところにコマセを打つ

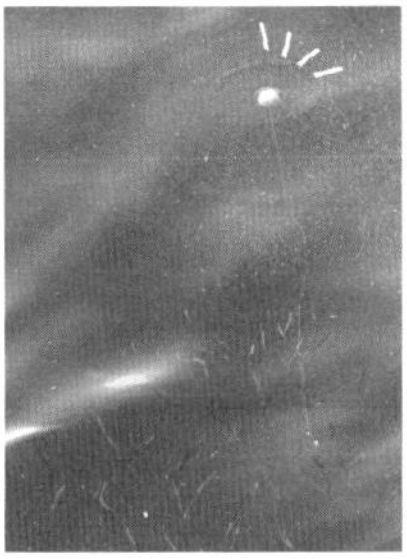

ウキをよく見て仕掛けが潮になじんでいるかチェック

コマセをしっかり固めると狙った場所に打ちやすい

で流れるように粗めに砕く方が有利です。

次に集魚剤をバッカンに入れ、海水を加えてねっとりするぐらいの硬さになるまで混ぜます。集魚剤にもいろいろなタイプがありますが、この日は11月中旬で水温も安定していなかったので、浅いタナを狙う軽めのものもミックスしました。

竿は1・5号、長さ5・3ｍの磯竿を使用。ミチイトにウキ止め、半円シモリ、円錐ウキ（3B）、ウキストッパー、ガン玉（3B）、ヨリモドシの順番にセットしてハリスにつなぎます。ウキとのバランスを取るためハリスにも小さなガン玉（G5）を付け、最後にグレバリ6号を結びました。

コマセを打って、エサを食わせる！

まずは何度かコマセを打って、どんな魚が集まってくるか様子を見ます。この日は小さなオヤビッチャやスズメダイ、30㎝以上のイスズミなどがワラワラ。魚影に向けてさらにコマセを打っていくと、岩陰に複数の色濃い魚影が現れました。メジナです！狙いたい

竿をしならせてメジナの強烈な引きに対抗

最後はタモで確実に取り込む

教えてくれた人

加藤義之さん
イシグロのフィッシングアドバイザー。県内各地で釣り講座を実施中

ついに念願のメジナが釣れました！

場所よりもやや沖側に仕掛けを投げ、糸を巻きながら手前に引いて潮になじませたら、片手で竿を操りつつ、コマセを柄杓ですくって仕掛け周辺に打ちます。コマセをすくう時はバッカンに押さえつけるようにして、しっかり固めてから投げるのがコツです。

仕掛けがなじんでいるかどうかは、ウキの下に付いているウキストッパーとウキの離れ具合や角度を見て判断。潮に自然になじませられれば、釣れる可能性もアップします。ウキがすーっと沈んでいけば、アタリの合図。この日は魚の食いも良く、アタリは何度もあったのですが、やはり引きは強烈。ハリスを何度も切られてしまいました。なにくそ！と思い、ハリスを3号して再挑戦しましたが、今度は魚が掛からず、いつの間にかエサが食われる結果に。

もう一度ハリスを2号に戻して、ガン玉を打ち、仕掛けを投入。アタリがきたら竿のしなやかさとリールのドラグを活用して、強く引っ張らないように心掛けます。やり取りの最中は腰を落とし、竿を立てて糸のテンションを保ちました。少しずつ魚を引き寄せたら、

民家を改装したゲストハウスDaja。まるで実家に帰ってきたような雰囲気

同行してくれたDajaの釣り好き女将・松原さん。宿泊客に磯釣りの案内もしている

タモで確実に取り込み。ついに念願のメジナを釣り上げることができました！

　仕掛けの構成、風や潮の向き、コマセの配合など、いろいろと考えることがたくさんあるのがウキフカセ釣りの奥深いところ。自分なりに戦略を組み立てる面白さや、魚とのスリリングな格闘など、魅力的な要素も盛りだくさんで、ハマってしまう人の気持ちが分かるような気がしました。

釣りの後は…

実は今回の釣行にはもう一人、同行してくれた人がいました。南伊豆町の子浦でゲストハウス「Ｄａｊａ」を営む松原淑美さんです。松原さんは元地域おこし協力隊で、南伊豆では有名な釣り好き女将。ロックフィッシュゲームが大の得意で、私がメジナ相手に苦戦を強いられている間も、アカハタをバンバン釣り上げていました（笑）。

　そんな松原さんに導かれ、釣りが終わった後はＤａｊａでひと休み。台所をお借りして、釣ったメジナを調理させてもらいました。作ったのは南伊豆特産の柑橘ジャムを使ったカルパッチョです。食後も松原さんと、まったり釣りトーク。初めての沖磯で緊張しましたが、南伊豆の温かな魅力に触れることができて最高の1日になりました。いつかここで女子会したい！

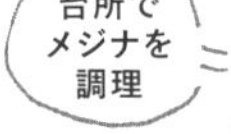

南伊豆ゲストハウスDaja／南伊豆町子浦1626　☎0558-36-3650　¥宿泊料（素泊り）大人5000円・小学生3500円・未就学児2500円※繁忙期は変動あり

レシピはP125へ！

MEMO

南伊豆 ウキフカセ釣り

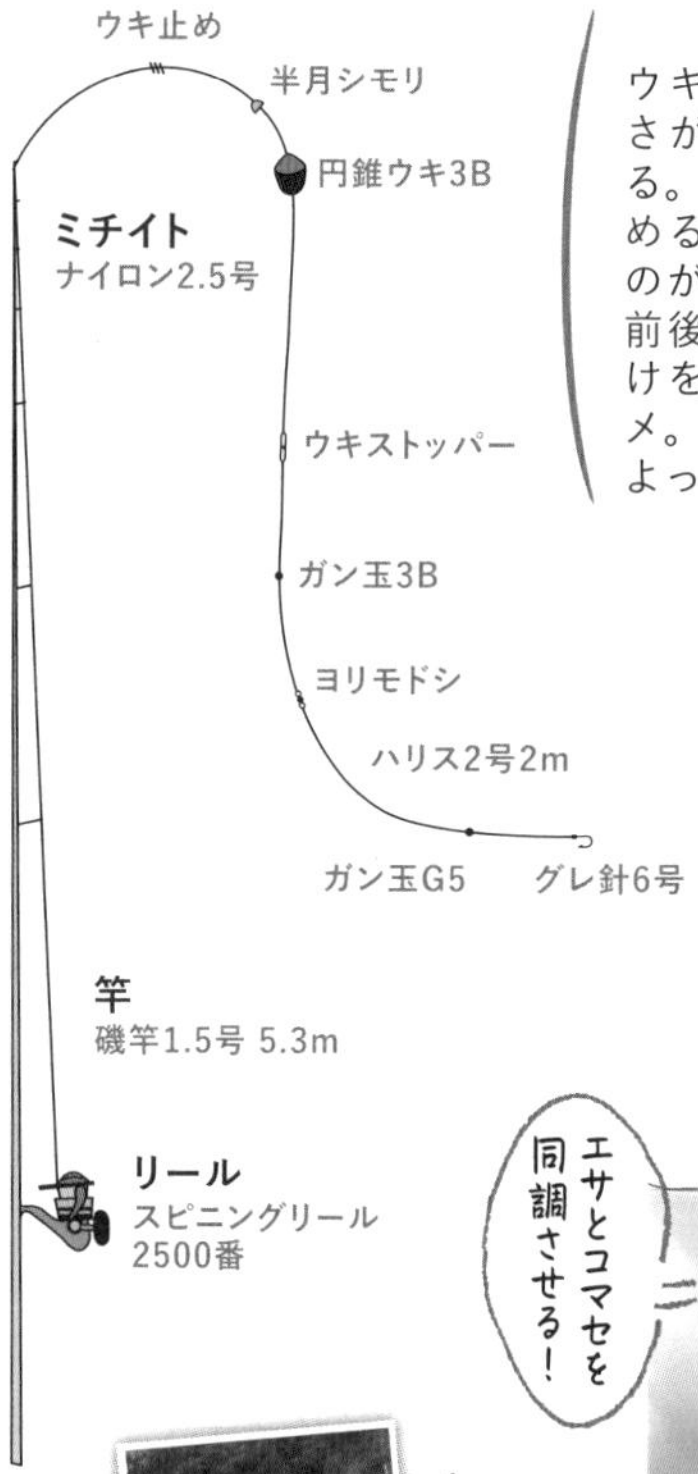

POINT

ウキ止めからハリまでの長さが、狙うタナの深さになる。浮力のないウキから始めると仕掛けをなじませるのが難しいので、まずは3B前後を使い、オモリで仕掛けを張るスタイルがオススメ。ガン玉やハリは状況によって頻繁に変える。

エサ取りが多い時
ムキ身にしてコマセに同調させ、エサ取りの層を突破する

遠投する時
外れにくいように、背中を内側にしてハリに沿って刺す

通常
尾から頭と胴の付け根ぐらいの位置まで、ハリの形に沿って刺す

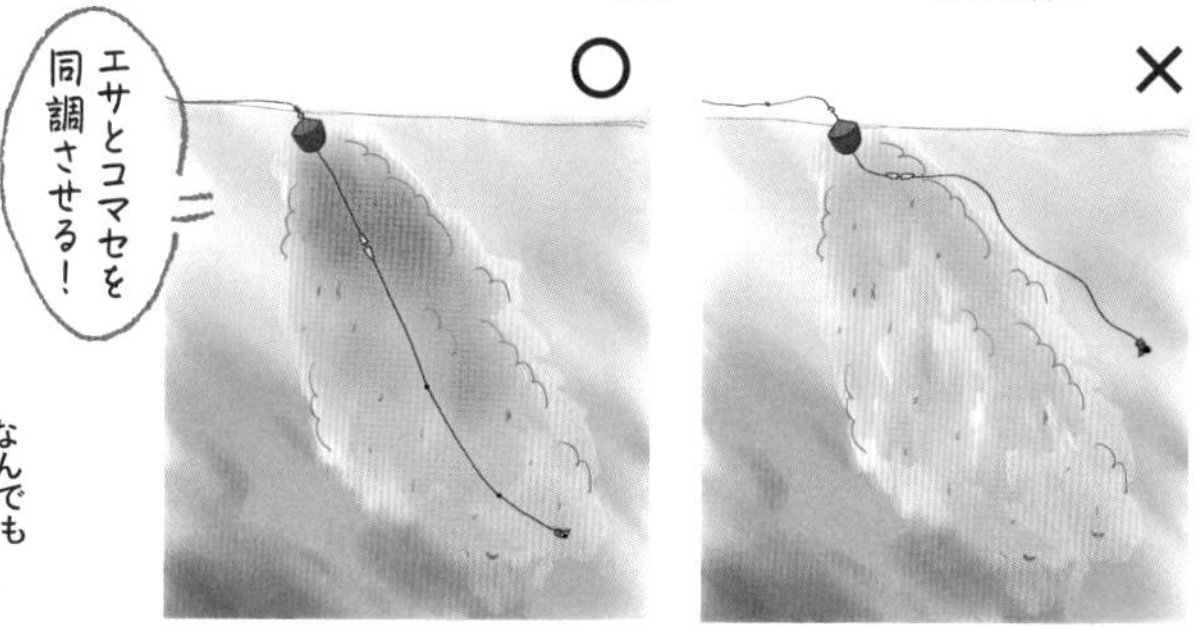

仕掛けが潮になじんでる状態

なじんでいない状態

喜美丸の鈴木萌船長。磯ビギナーにも丁寧に対応してくれる！

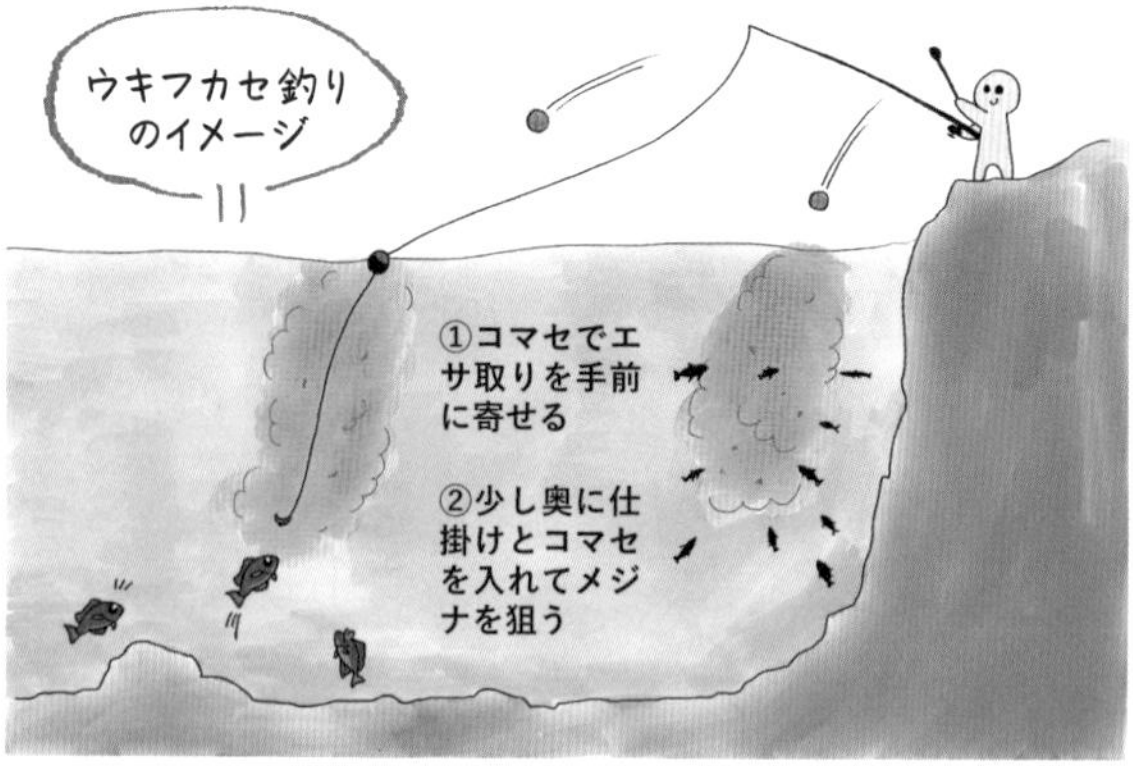

まずは足元にコマセを打ち、エサ取りたちを引き寄せる。小魚が集まってきたら仕掛けを奥の方に投げ、コマセを打って岩礁帯にいるメジナをおびき寄せる。コマセと仕掛けがしっかり潮の流れに乗っているかが釣果のカギを握る。

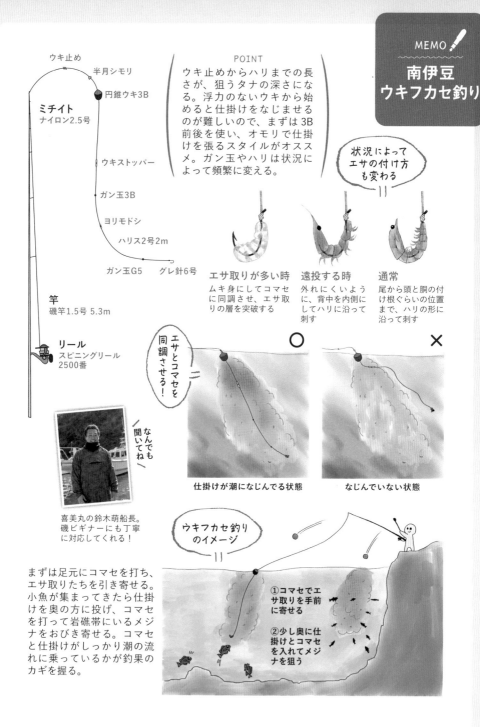

釣った魚で
簡単レシピ

Menu

メジナのカルパッチョ 南伊豆の柑橘ジャム添え

石廊崎で釣ったメジナを、南伊豆特産の柑橘類を使ったジャムで味付け。南国の雰囲気たっぷりのカルパッチョに仕立てました。

〈作り方〉

1. 魚は三枚下ろしにして刺身の大きさに切り、皿に並べる
2. オリーブオイルと塩をかけ、柑橘ジャムを魚の上に乗せる
3. ピスタチオを粗いみじん切りにしてふりかける
4. クレソンを添え、こしょうを振る

材料（2人分）

・メジナ（30cm程度）…1尾
・柑橘ジャム…適量
・ピスタチオ…2個
・クレソン…適量
・オリーブオイル…大さじ2
・塩・こしょう…適量

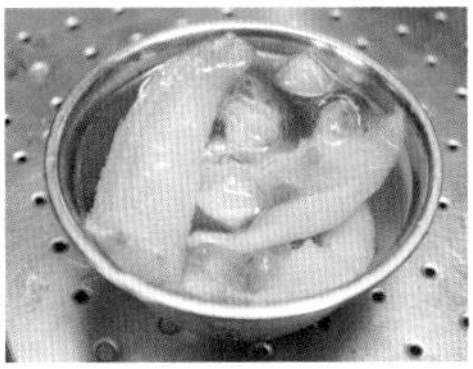

盛り付けの前に氷で締めて、水気を拭き取るのがポイント

道の駅で買った「松本ちえ子さんちのジャム」（1個410円）

釣りに行ったら訪れたい　周辺スポット

いちじくの杜セレスト

古民家を改装した店内には鉢植えがずらり！オーナー手作りのイチジクはさっぱりとした甘さで風味がよく、サラダ（1200円）やピザ（1500円）などが味わえる。／**南伊豆町二條202**
☎090-3275-1290　㊢11：00～16：00　㊡月～木曜（祝日は営業）、冬季（12月～4月）

農林水産物直売所 湯の花

道の駅にある地場産品直売所。南伊豆町特産の柑橘類やジャムなどの加工品のほか、岩海苔や干物など海の幸も豊富。近くには日帰り入浴施設「銀の湯」もある。／**南伊豆町下賀茂157-1　☎0558-62-3191　㊢9：00～16：00　㊡12/31～1/3**

根掛かりルアーをリメイク 豊かな海をこれからも

ハリやルアーを海底に引っ掛けてしまう「根掛かり」は、釣り人にとって避けては通れない問題。ダイバーの土井佑太さんは海に潜り、根掛かりしたルアーを回収・リメイクするマリンスイーパー（海の掃除屋）です。釣り場周辺の海の中では、一体どんな景色が広がっているのでしょうか。

三浦　土井君とは知り合って随分立つけど、ルアーの回収はいつからやっているんだっけ？

土井　２０１９年頃からですね。元々釣りもダイビングも好きで、初めは清掃活動ぐらいの感覚で軽く始めたんですが、拾ったルアーがどんどん溜まるのを見ていたら、もったいなくなって。修復方法を学んでからは、拾いまくるようになりました。

三浦　ダイビングはいつから始めたの？

土井　大学時代からです。当時はショアジギングが急速に広まっていった時期で、海に潜っているとルアーが落ちているのをよく目にしてました。釣り糸に魚が絡まっているのも結構見ていて、いつも何とかしたいと思っていたんですが。

三浦　ゴミの問題だけじゃなくて、生きた魚にも影響があるんだね。

土井　「ゴーストフィッシング」と言って、海中に漁具が放置されていると、それに魚が掛かって死んでしまうんですよ。それに釣り糸が海中に張り巡らされていると、海藻や魚も育たなくなる。結果、漁場が衰退するという負の連鎖も起こりやすくなります。

三浦　それは良くないことだね。ルアーはどこで拾ってるの？

土井　最初は清水の三保ですね。始めた頃は一つの岩にルアーが１００個ぐらいついていたけど、今はだいぶきれいにしました（笑）。あとは焼津の石津浜、沼津も何カ所か

土井佑太
幼少期から釣りに親しみ、釣り歴は20年以上。大学時代はダイビング漬けの日々を送る。卒業後、一度は就職するも、海の保全活動をするためにUターン転職。2021年にMarine Sweeperの事業を立ち上げ、水辺の清掃や釣具再生を行っている。

やってます。許可の問題があるので、どこでも掃除できるわけではないのですが。

三浦　拾うポイントはいつも同じ場所なの？

土井　そうですね。ルアーはいつも同じ岩場に引っ掛かってます。初心者だとミチイトごと切れてしまうケースも多く、そこにまた別のルアーが掛かってルアーの鯉のぼりみたいな状態になることもあります。

三浦　拾ったルアーはどうするの？

土井　水難救護法という漂流物沈没品の取り扱いを定めた法律があって、その法律に則って自治体へ確認しながら、修復してリサイクル商品として販売しています。回収・販売で得た収益を元に、新たな清掃活動を行う。そんなサイクルを作りたいと思ってます。

三浦　ずっと海の中に落ちていたものでも、元通りになるんだね。

土井　基本的には塗装をし直すぐらいなので、ルアーの性能が大幅に変わることはありません。ホログラムの貼り付け工程は特別な機械を要するため、県内のルアー加工業者にお願いしています。

三浦　静岡はルアーの会社がたくさんあるからお願いしやすそうだね。

土井　根掛かりの清掃自体はどこでもできますが、それをリメイクする活動が可能なのは静岡ならではですね。

三浦　私は土井君みたいに海に潜れるわけではないけど……ゴミを持ち帰るとか、一人ひとりが自分でできる範囲で気を付けられることはあるよね。

土井　釣りをする以上、根掛かりするのは仕方のないことです。ただ、リメイクルアーの存在を通じて、環境のことを意識する人が増えたらいいなと思っています。「釣り人だけではない、みんなにとって、良い海とは何だろう？」と考えるきっかけになってもらえたら嬉しいですね。

「リメイクルアーが環境を考えるきっかけになれば」と語る土井さん

三浦愛オススメの管理釣り場

私がこれまで行ったことのある管理釣り場の中で、「これは面白い！」と思ったスポットをご紹介。釣り具のレンタルもできるので、釣りデビューにぴったりです♪

アマゾン系怪魚を釣り上げる！

西部

浜名湖フィッシングリゾート

トラウト
コロソマ
など

トラウトやバスのほか、アマゾン系怪魚のコロソマやイズミダイ（ティラピア）が釣れる珍しいスポット。屋内ハウスもあるので、冬や雨の日も釣りが楽しめます。コロソマは夏季限定の巨大怪魚でとにかく引きが強烈！釣った魚をさばいて、塩焼きが味わえるコースもあります。

浜松市西区雄踏町山崎4198-36　☎053-592-7351
㊢7：00～17：00　㊡金曜（祝日は営業）　¥1時間1500円～

一度は釣ってみたい！巨大魚のコロソマ

釣ったヤマメはこんがり塩焼きに

場内の調理場で炭火焼きを味わえる

ヤマメ

中部

やまめ平

自然豊かな釣り池で、ヤマメ釣りが楽しめます。釣り方はスタッフの方が教えてくれるので初心者も安心。釣れなくても3匹は必ずもらえるのもうれしいですね。釣ったヤマメは調理場でさばいて、炭火でこんがり塩焼きに。子どもに人気のつかみ取りコーナーもありますよ。

島田市笹間下1707　☎0547-39-0244
㊢9：00～17：00（3月春分の日～11月最終日曜）　㊡木・金曜　¥1時間大人2620円、子ども1870円（3尾保証）

世界最大の淡水エビが
屋内で釣れる

中部

焼津シュリンプパーク
（オニテナガエビ釣り堀）

屋内の生け簀に放たれたオニテナガエビを、レバーなどのエサで釣り上げます。世界最大の淡水エビといわれるオニテナガエビは、高級食材としても人気。ただし用心深いので、エサを食い込むまで辛抱強く待つのが秘訣です。釣ったエビは屋外のBBQ場で味わえます。

焼津市浜当目984（I・KIND株式会社第2ヤード内）　☎080-1621-1645　営10：00～20：00（平日の日中は予約制）　休火・水曜　¥1時間1500円（延長700円）

オニテナガエビとの駆け引きは難しくも面白い

オニテナガエビ

ふらっと気軽に
トラウトルアーを楽しむ

タックルやルアーがレンタルできるのでビギナーも安心

トラウト

中部

アルクスポンド焼津

トラウトルアーを気軽に楽しみたいならココ。竿やルアーはレンタルできるほか、自分の竿で釣る場合も無料ルアーを貸してもらえます。女性割やカップル割、学割など料金体系も豊富。午後以降は1時間券もあるからサクッと釣りをしたい時に便利です。

焼津市利右衛門115　☎054-622-7123　営7：00～20：00（12月～2月は18：00まで）　休なし　¥男性1300円～、女性1100円～、中高生500円～、小学生以下300円～

エリアごとにルアー、フライ、エサ釣りが楽しめる

自然感あふれるフィールドで ビッグトラウトを狙う

東部

すそのフィッシングパーク

自営養殖場で育った良質のニジマスやイワナ、アマゴが狙える山間の管理釣り場。入漁証は1時間ごとに購入でき、レンタル竿もあるので初心者にもオススメです。魚をさばける調理場には包丁も用意されています（魚数は上限あり）。

ニジマス
イワナ
など

裾野市富沢 589-1　☎ 055-993-5514　営 8：00 ～ 20：00（12 月～3 月は 19：00 まで）　¥ 一般 2600 円～、女性・中学生 2300 円～、小学生 1650 円～

ファミリーに人気！ キンギョの屋内釣り堀

東部

富士フィッシュセンター 蓼原釣り堀

キンギョやコイが釣れる室内・屋外釣り堀で、家族連れに人気。受付でウキ釣りの竿と練りエサをもらい、練りエサの大きさや練る硬さを工夫しながら魚を狙います。釣れた魚は点数に換算され、貯まると釣り具や金魚などと交換可能！

練りエサでコイが釣れた！

キンギョ
コイ
など

富士市蓼原 175　☎ 0545-63-4598　営 9：00 ～ 17：00　休 水曜　¥ 1 時間 600 円（30 分 350 円）

マダイ
ワラサ
など

東部

海上つり堀まるや

景観抜群の海上釣り堀で高級魚ゲット

マダイやワラサなど、食べておいしい魚がいっぱい

沼津湾内に浮かぶ５つのイカダの上で、マダイ・ワラサ・カンパチなどの高級大物魚が狙えます！釣りの合間にある放流タイムは、魚の活性が上がる大チャンス。正面に望む富士山はまさに絶景。レンタル竿や氷・発泡スチロールの販売もあり、魚は釣れた分だけ持ち帰れます。

沼津市西浦足保 足保漁港内　☎080-5118-8080　㊇8：00～13：30　㊡不定　¥大人13700円、小学生以下6000円

自然の川を利用した釣り場はロケーションも最高

ニジマス
アマゴ
など

浄蓮の滝を眺めながら観光気分でニジマス釣り

伊豆

天城国際鱒釣場

日本の滝百選にも選ばれている「浄蓮の滝」を眺めながら、ニジマスやアマゴ釣りができます。１時間単位で楽しめるので、観光の合間に釣りを体験したい人にもぴったり。自然たっぷりの川は夏も涼しくてリフレッシュできます。釣った魚は場内のコンロで味わえます。

伊豆市湯ケ島国有林153ね林小班外　☎0558-85-1441　㊇9：00～16：00（10/1～3/19は15：30まで）　㊡不定

竿

竿には大きく分けてリールとセットで使う「リール竿」と、仕掛けを穂先に直接結ぶ「ノベ竿」があります。

〈リール竿〉

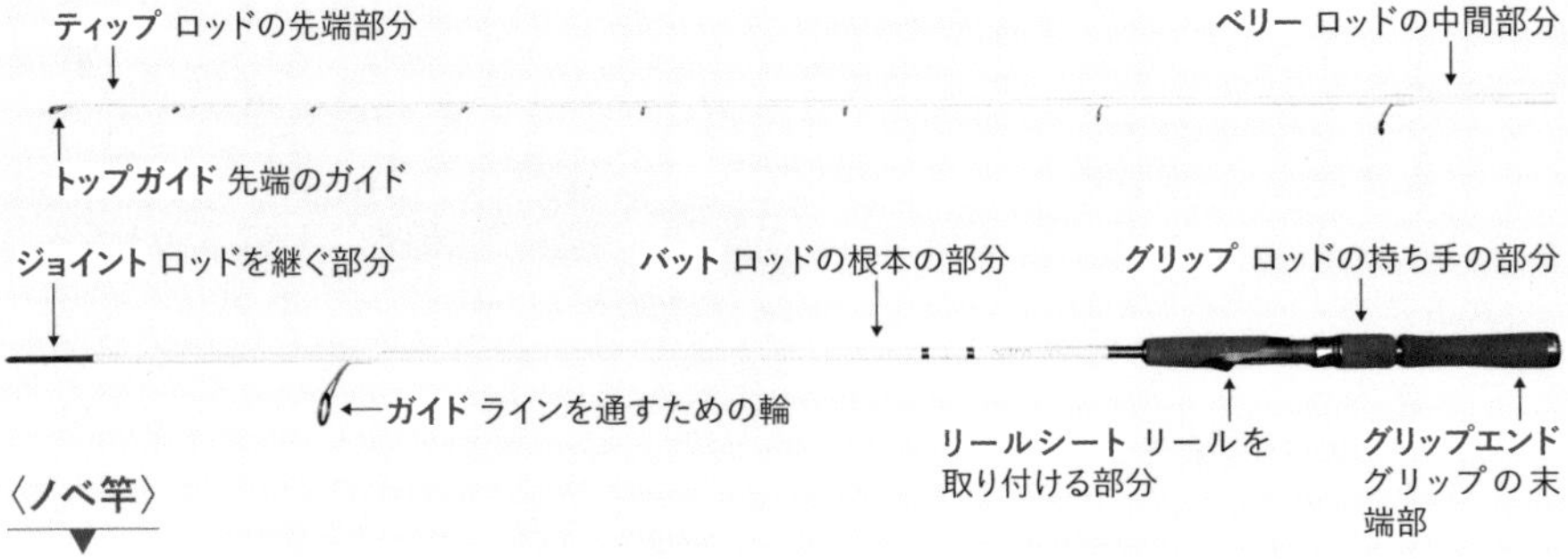

〈ノベ竿〉

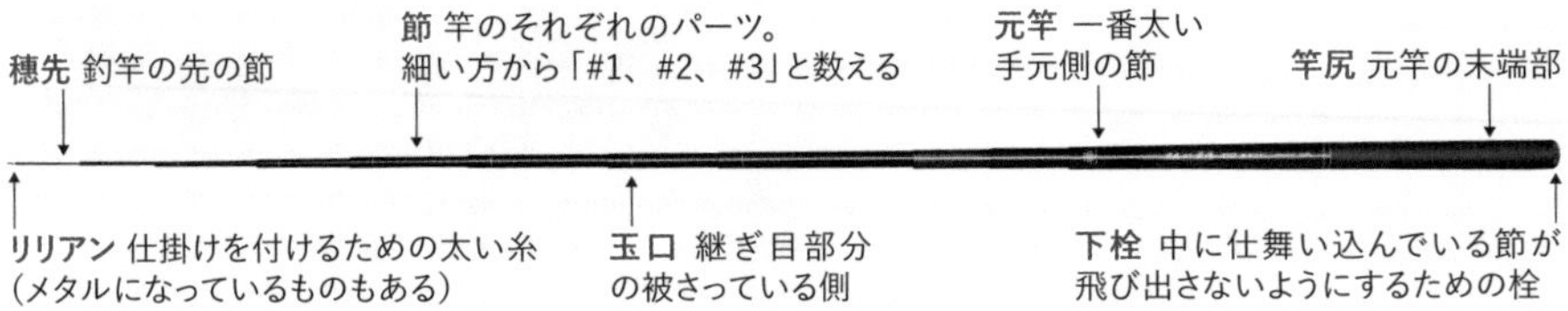

ラインと金属を結ぶ方法

〈クリンチノット〉

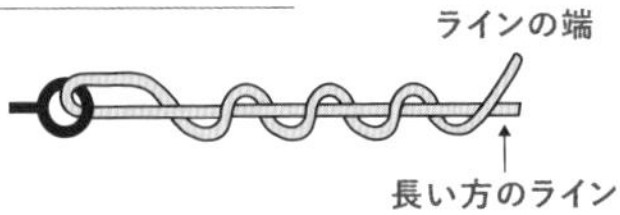

①糸の先端を結ぶ金具の穴にくぐらせて折り返し、先端を本線に4回以上巻きつける。

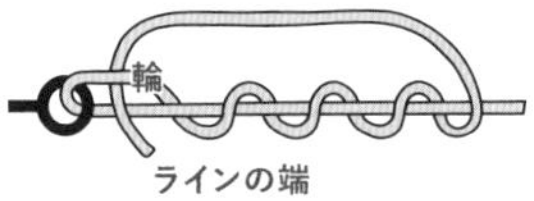

②巻き付けていくと金具をくぐらせたところに輪ができるのでその輪にラインの端を通す。

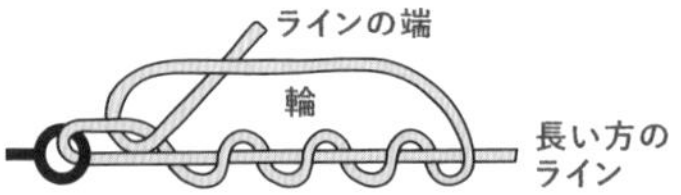

③もう一つ輪ができるのでそのままラインの端を輪に通す。

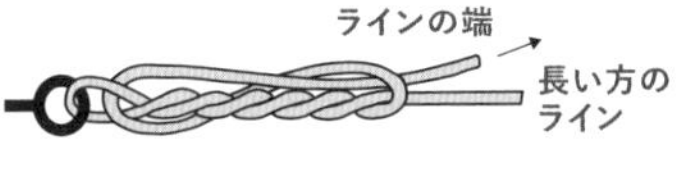

④長い方のラインは固定しておき、ラインの端っこをゆっくり引っ張っていき、締め込む。

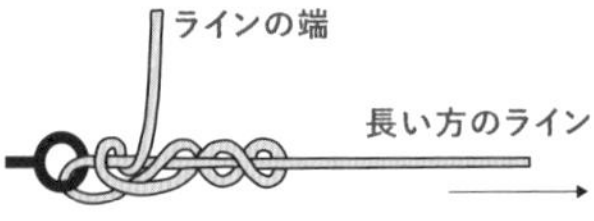

⑤コブを金具の方に移動させ、今度は長い方のラインをゆっくり引っ張って、しっかり締め込んで完成。

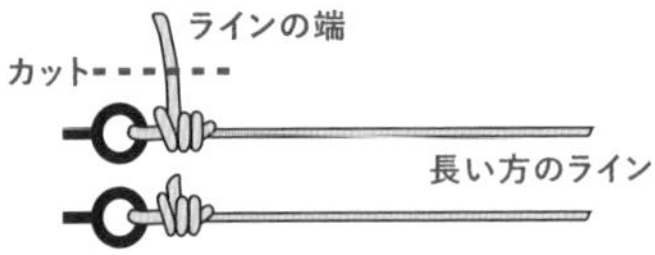

⑥ラインの端の余分な長さをカットする。

仕掛け

イトやハリ、オモリなどを組み合わせる仕掛けは、狙う魚によって千差万別。まずは市販されている出来合いの仕掛けを使ってみましょう。

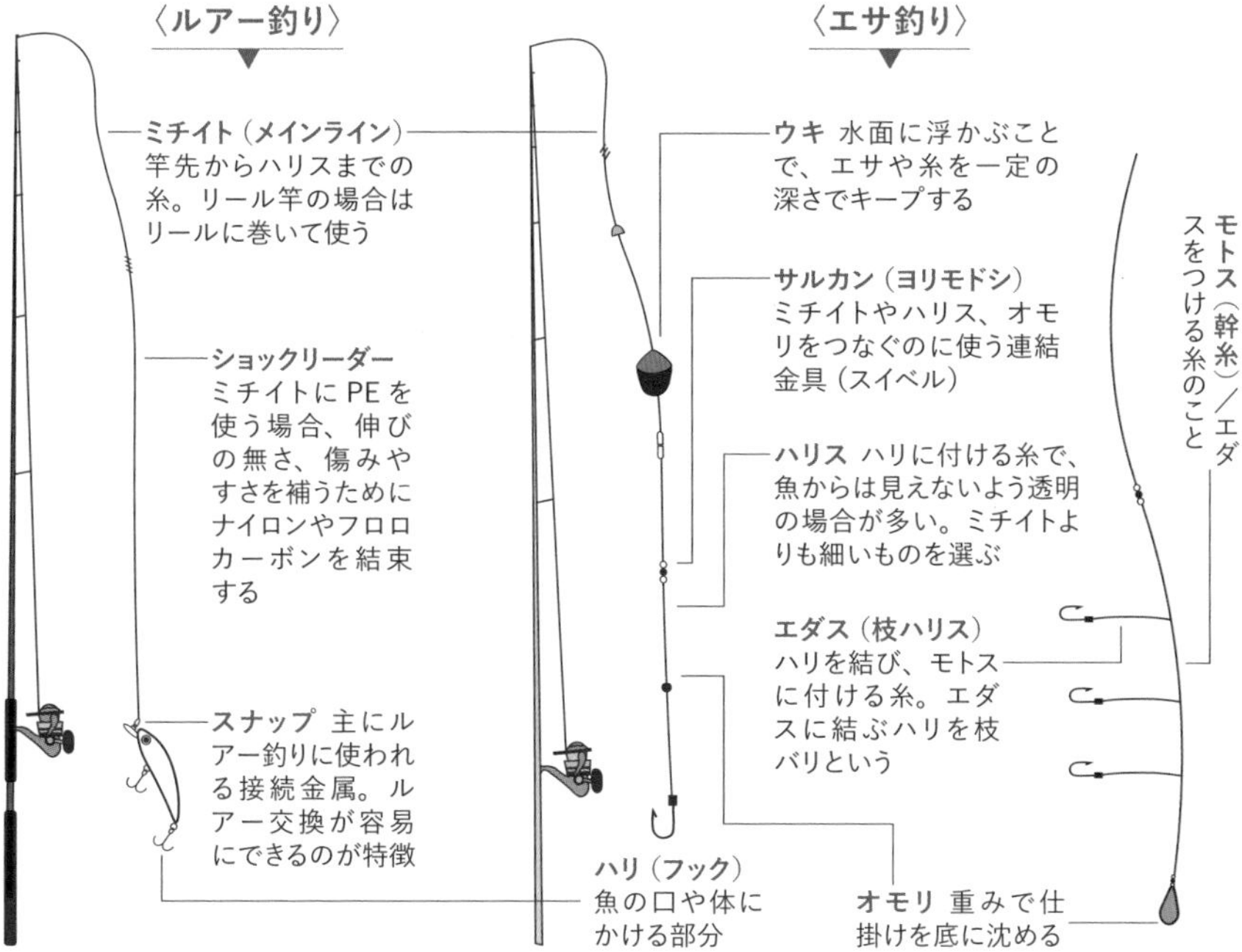

〈ルアー釣り〉
〈エサ釣り〉
ミチイト（メインライン） 竿先からハリスまでの糸。リール竿の場合はリールに巻いて使う
ショックリーダー ミチイトにPEを使う場合、伸びの無さ、傷みやすさを補うためにナイロンやフロロカーボンを結束する
スナップ 主にルアー釣りに使われる接続金属。ルアー交換が容易にできるのが特徴
ハリ（フック） 魚の口や体にかける部分
ウキ 水面に浮かぶことで、エサや糸を一定の深さでキープする
サルカン（ヨリモドシ） ミチイトやハリス、オモリをつなぐのに使う連結金具（スイベル）
ハリス ハリに付ける糸で、魚からは見えないよう透明の場合が多い。ミチイトよりも細いものを選ぶ
エダス（枝ハリス） ハリを結び、モトスに付ける糸。エダスに結ぶハリを枝バリという
オモリ 重みで仕掛けを底に沈める
モトス（幹糸）／エダスをつける糸のこと

リール

リールにはスピニングリールやベイトリールなど、いくつかの種類があります。ビギナーは扱いやすいスピニングリールがオススメです。

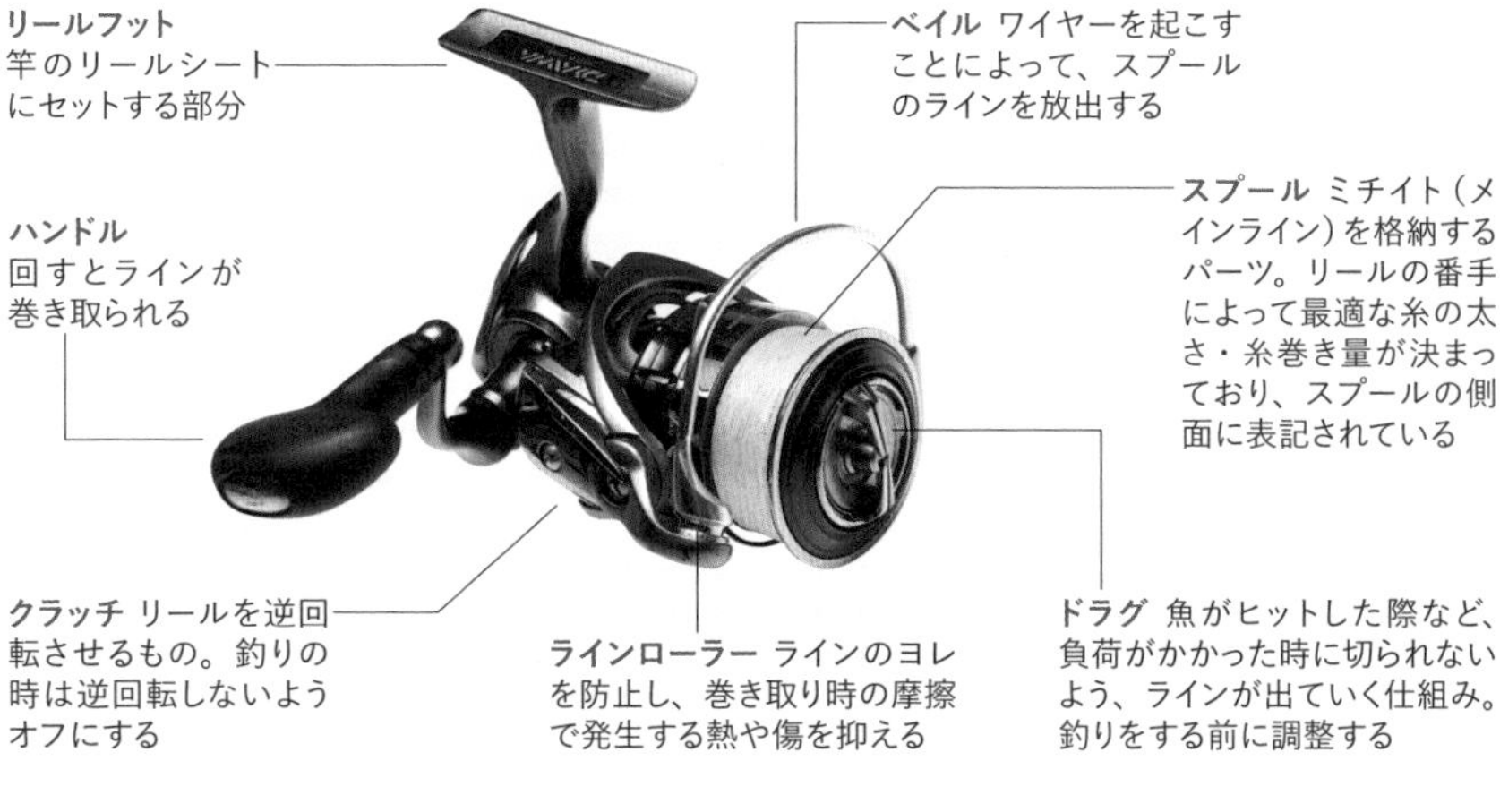

リールフット 竿のリールシートにセットする部分
ハンドル 回すとラインが巻き取られる
クラッチ リールを逆回転させるもの。釣りの時は逆回転しないようオフにする
ラインローラー ラインのヨレを防止し、巻き取り時の摩擦で発生する熱や傷を抑える
ベイル ワイヤーを起こすことによって、スプールのラインを放出する
スプール ミチイト（メインライン）を格納するパーツ。リールの番手によって最適な糸の太さ・糸巻き量が決まっており、スプールの側面に表記されている
ドラグ 魚がヒットした際など、負荷がかかった時に切られないよう、ラインが出ていく仕組み。釣りをする前に調整する

〈魚の部位〉

**魚の体には海で生きていくために必要な機能が備わっています。
釣りや調理の際は、体の構造にも注目してみてください。**

①鼻孔
中に海水を循環させて、水の匂いをかぐための穴。多くの魚は左右に2つずつ（計4つ）ある

②吻（ふん）
目より前方に突出した部分。上アゴの先端から目の前縁までの長さを吻長といい、計測に用いられる

③エラぶた
中に4対のエラがあり、口とエラぶたを動かすことで水を循環させ、酸素を取り込む。エラには太い血管があるため、血抜きの時は根元か、エラぶた側から3枚目のエラをナイフで切る。リリースする際は、エラを傷つけないように気を付けて

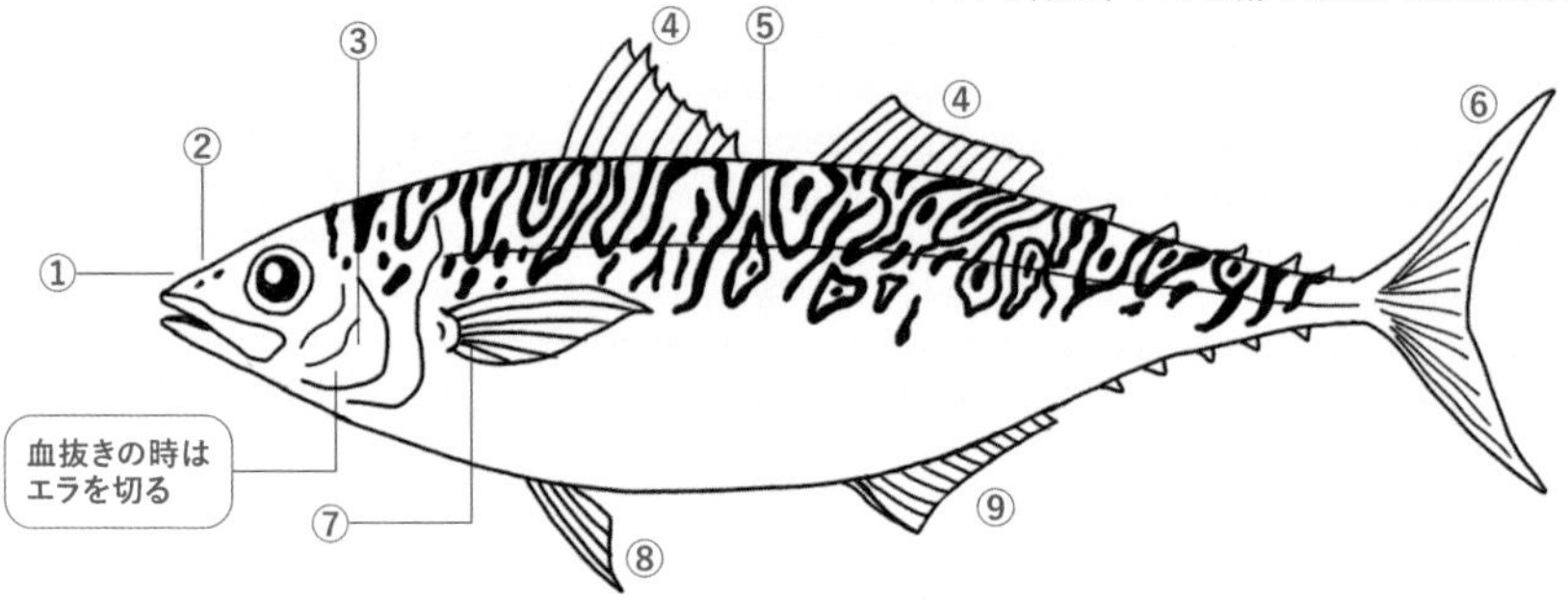

④背ビレ
ゆっくり動いている時や、じっとしている時は、ここを立てて体を安定させる。速く泳ぐ時は後ろに閉じる

⑤側線
水流や水圧、音圧などを感知する器官。側線上にあるウロコのことを側線鱗（そくせんりん）という。側線鱗には孔が空いている場合が多く、この数を側線有孔鱗という

⑥尾ビレ
前に泳ぐ時や左右に方向転換する時に使う

⑦胸ビレ
体が左右に揺れないように安定させるほか、前に進んでいる時にブレーキの役割を果たす。方向転換や後ずさりする時にも使う

⑧腹ビレ
浮遊・沈下する時のほか、ブレーキの役割もある

⑨臀（しり）ビレ
背びれと同じような役割

鰭条数《きじょうすう》で魚種を判別！

魚のウロコは硬いトゲのような棘条（きょくじょう）と、しなやかな軟条（なんじょう）の2種類で構成されています。この数は魚種によって差があるため、棘条の数を大文字のローマ字、軟条の数をアラビア数字で表記し、側線有孔鱗数とともに魚種判別の目安になっています。

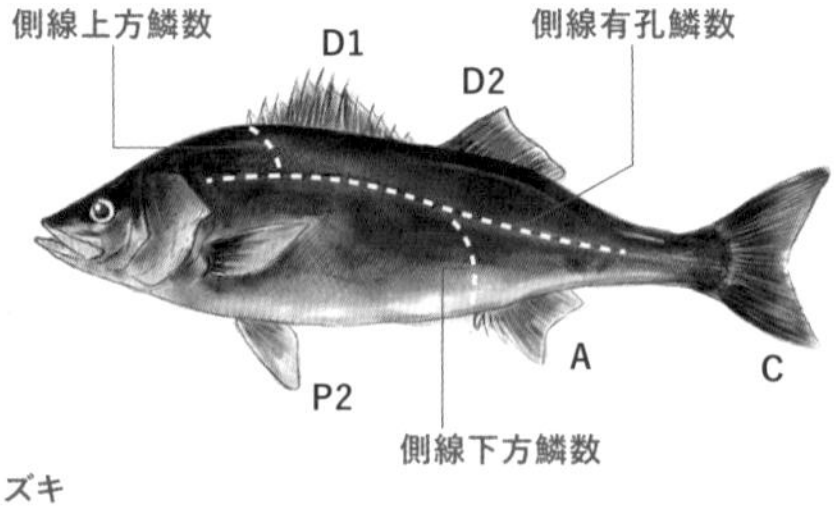

スズキ
D. XII〜 XV,11~14（背ビレの棘条が 12 〜 15、軟条が 11 〜 14）
A. III ,7 〜 9（臀ビレの棘条が 3、軟条が 7 〜 9）
側線下方鱗数 18 〜 21

近い種でも異なる

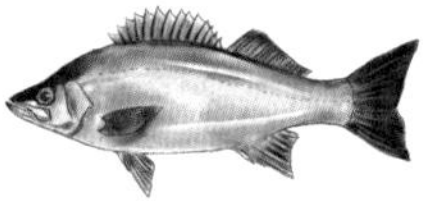

ヒラスズキ
第二背ビレの軟条 15 〜 16
側線下方鱗数 14 〜 16

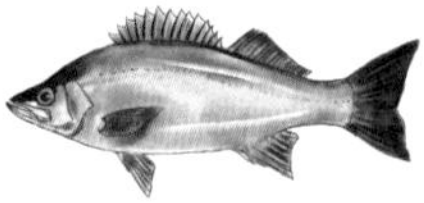

タイリクスズキ
第二背ビレの軟条 12 〜 15
側線下方鱗数 17 〜 21

三浦の愛用品

〈魚をさばく道具〉

魚の大きさや硬さによって包丁は使い分けています。ウロコや小骨もやっかいなので専用の道具があると便利です。

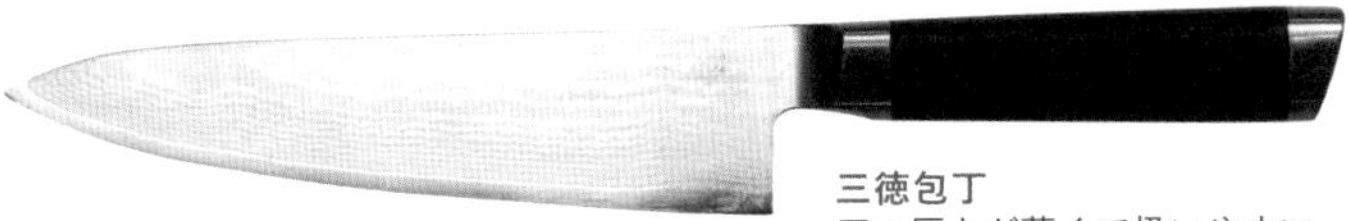

三徳包丁
刃の厚さが薄くて扱いやすいので、三枚おろしをする時などに使う

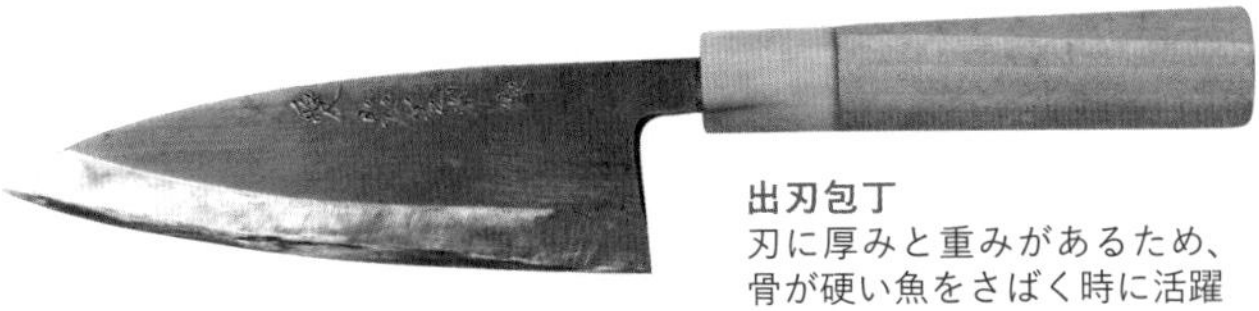

出刃包丁
刃に厚みと重みがあるため、骨が硬い魚をさばく時に活躍する

刺身包丁
刃渡りが長く、幅が狭いので、刺身をきれいに引ける

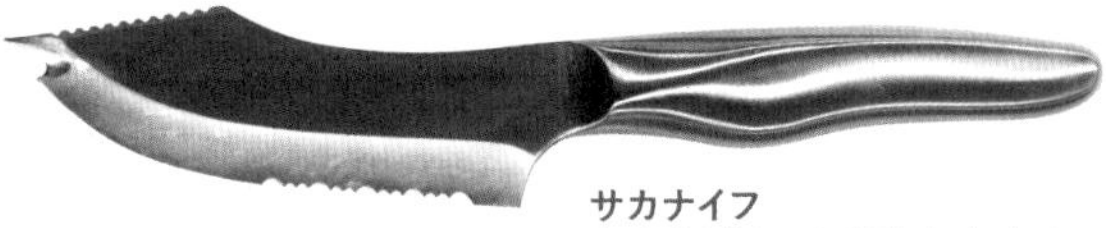

サカナイフ
魚をさばくのに特化したナイフ。頭を割ったりウロコを取ったりする機能もあるので、旅先に１本持っていくならコレ

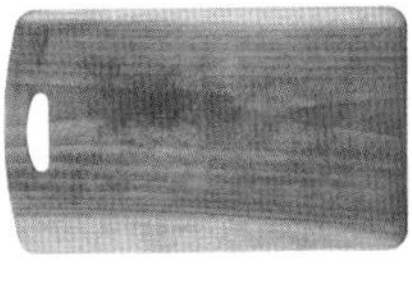

まな板
木製のものだと、カマや頭、背骨をたたき割る時に衝撃を吸収し、刃こぼれのリスクが少なくなる

ウロコ取り
効率よく魚のウロコをはがせる。なければ包丁の背やペットボトルのフタでも代用可能

キッチンバサミ
魚のヒレやトゲを切るときに便利。釣りの現場で魚を締める時にもよく使う

魚おろしピーラー
魚の身をスライドさせてそぎ取る道具。小魚をさばきたい時に使える

骨抜き
小骨を抜く時に使う。細かな作業になるので、自分の手にフィットして疲れないものをチョイスして

〈サバ〉のさばき方（三枚おろしの基本）

1 ウロコはウロコ取りで取り除いておく。胸ビレの付け根と腹ビレの付け根を結んだ線で頭を切り落とす。

2 お腹の部分を肛門まで切り開き、内臓を取り出しよく洗う。その後、キッチンペーパーで水気を拭き取る。

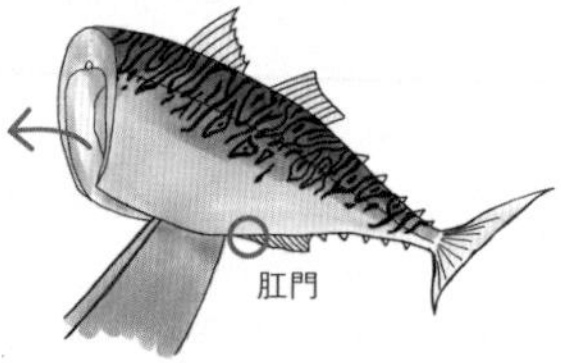

3 背ビレと尻ビレに沿って3mm程の余白を取って包丁で切れ目を入れる。

4 3で入れたガイドラインから包丁を寝かし、骨に沿って背側と腹側から背骨まで切り開いていく。

5 刃を尾のギリギリに差し込んで尾を押さえながら背骨の上を滑らせ、身と中骨を切り離す。再度、刃を差し込み、身と尾を切り離す。

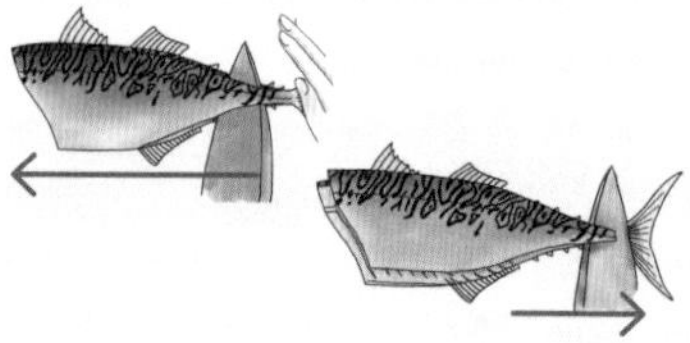

6 裏面も同様におろし、三枚にする。

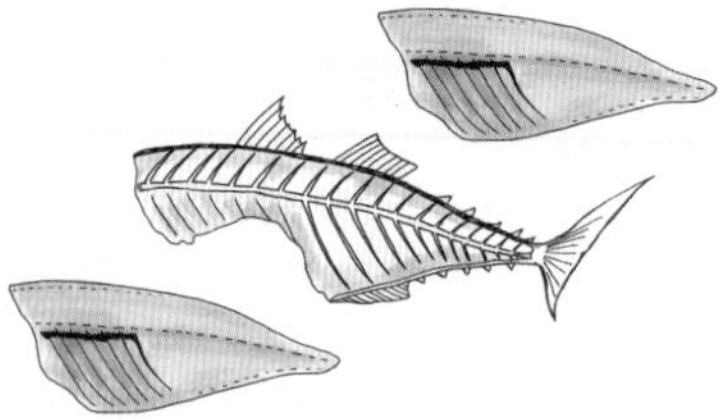

7 肋骨を切り離す。包丁は途中から寝かせ気味にし、肋骨に沿って切る。

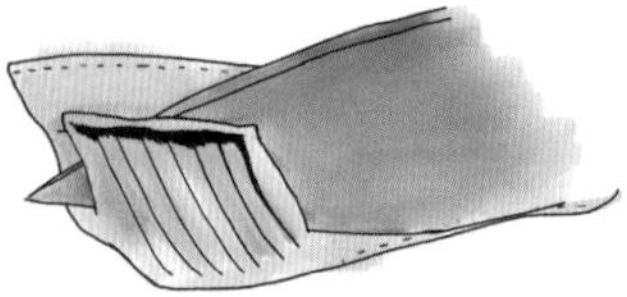

8 背骨の少し下の部分に上肋骨（小骨）があるので骨抜きを使って引き抜く。

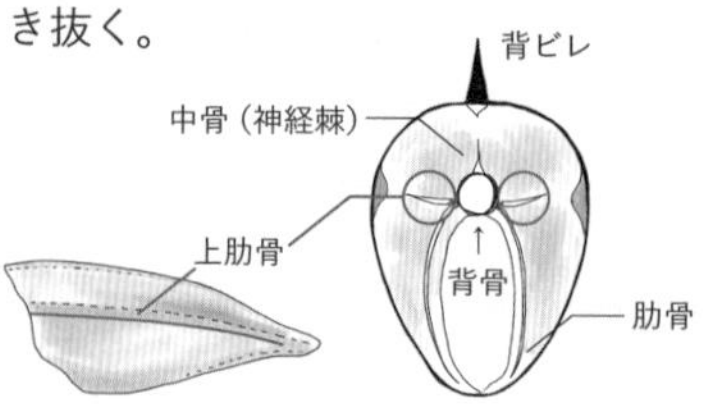

前から見た魚の断面図

〈タチウオ〉のさばき方

1 ヒレを持ち、頭を切り落とす。

2 肛門から包丁を入れ腹まで切り、内臓を取る。中は水洗いして水気を拭き取る。

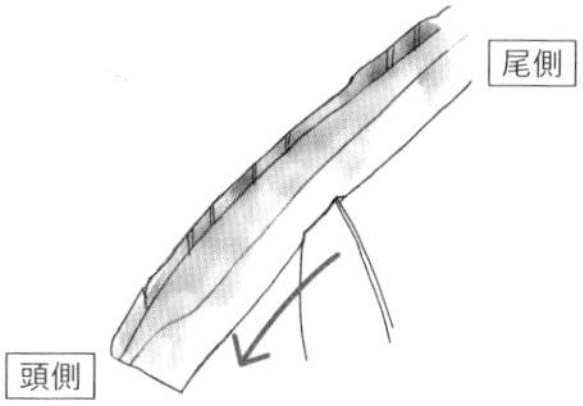

3 三枚おろしがしやすいように20cm程のぶつ切りにする。

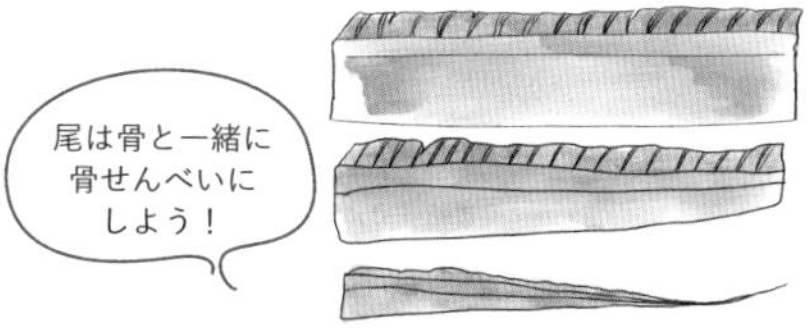

4 背ビレ側と腹側に切れ目を入れておく。背ビレ側のガイドラインから中骨に沿って背骨まで包丁を入れていく。

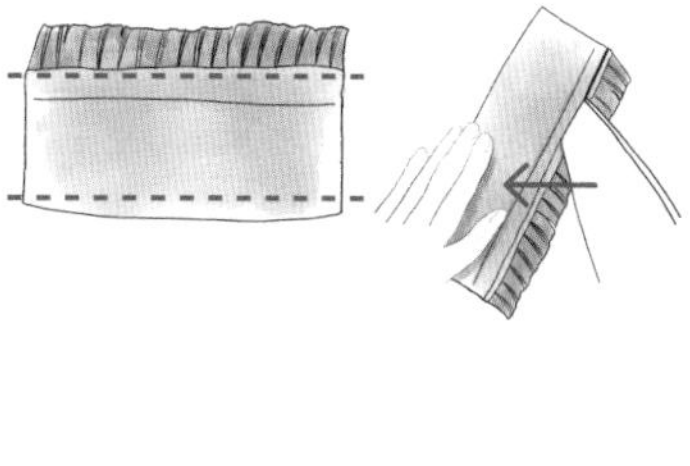

5 同じく今度は腹側のガイドラインから中骨に沿って背骨まで包丁を入れていき、身を軽く持ち上げて骨から切り離す。

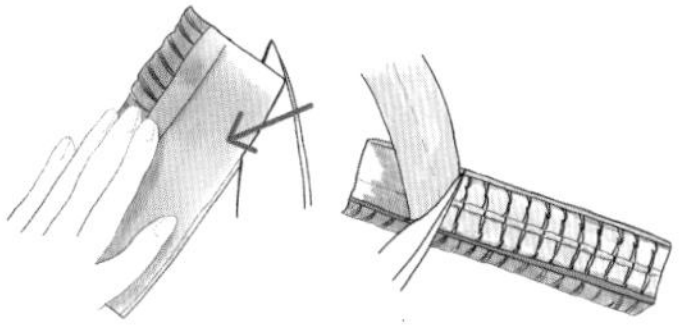

6 内蔵があった部位は身に沿って包丁を入れ、腹骨を削ぎ切る。

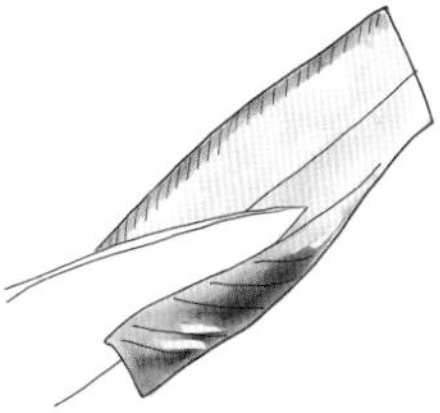

タチウオの骨の入り方

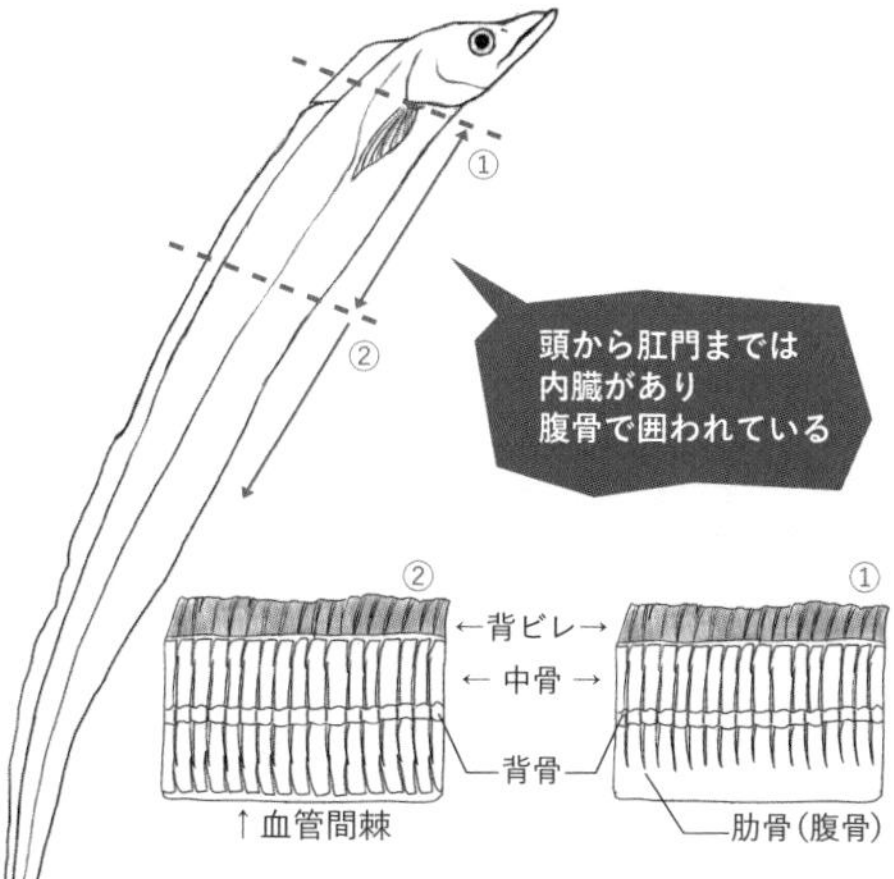

タチウオに尻ビレはないが
骨（血管間棘）はあるので注意！

〈アオリイカ〉のさばき方

1 アオリイカの軟甲を切らない程度に包丁を縦に入れる。

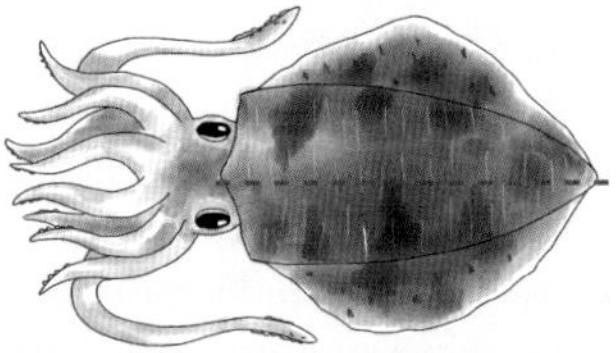

漏斗（口）がない面（背側）を上に置く

2 身と甲の間に指を入れて少しずつ軟甲を外していく。

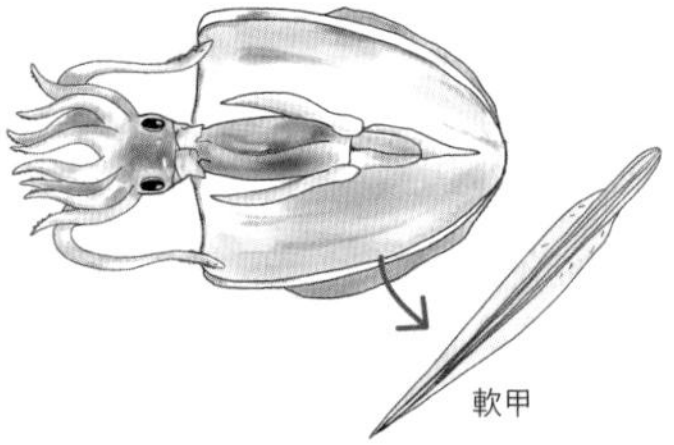

3 スミ袋を破かないように、ゆっくり慎重に胴とゲソを引き剥がす。

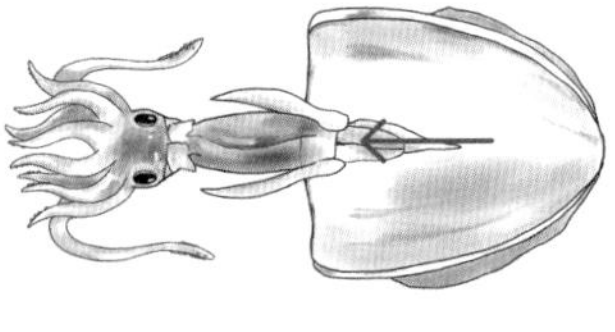

4 頭の先の方から身と皮の間に指を入れ、身の方を引っ張って丁寧に剥がす（エンペラと皮は一緒に剥がれる）。

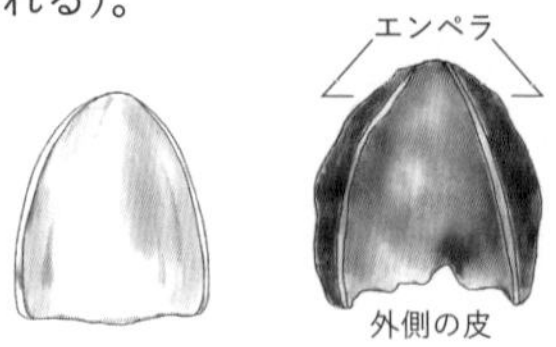

5 薄皮をむくため、2枚（大きければ3枚）に切る。内側の薄皮はキッチンペーパーやふきんを使ってこそぐように取る。

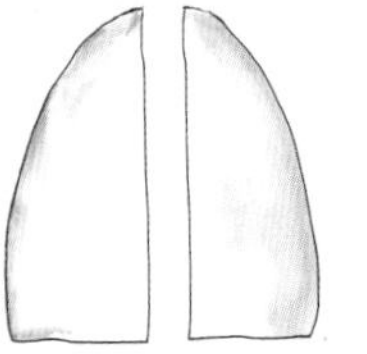

皮の下にある薄皮は火を通す場合は取らなくても良いが、刺身の時は取り除く。皮は一度凍らせると剥ぎやすくなる！

6 外側の薄皮は、内側を上にして置き、外側薄皮1枚残して切り込みを入れる。身をまな板にピタッとくっつけた状態で切ったところから下に向かって皮①を剥がす。残った皮②は伸ばしながら包丁で削ぎ切りにする（魚の皮をむく感じ）。

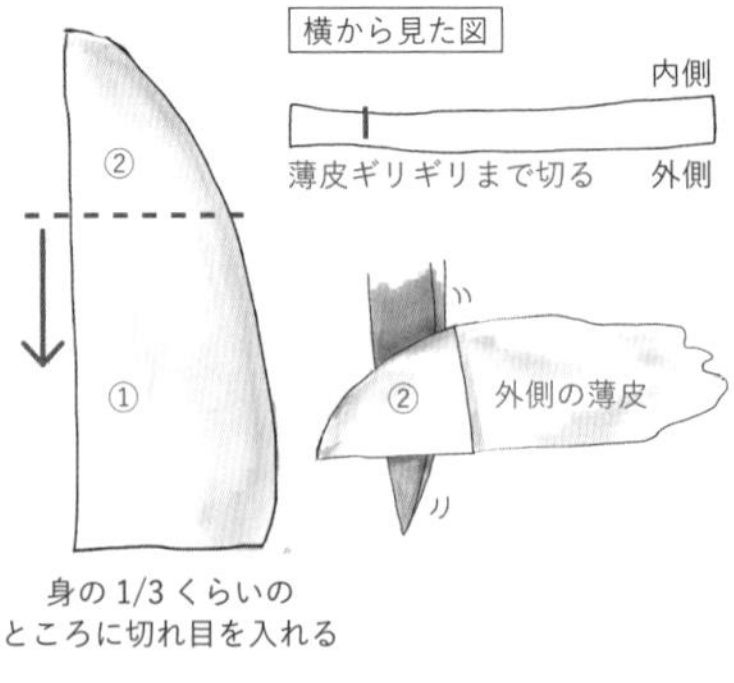

身の1/3くらいの
ところに切れ目を入れる

ゲソの処理

1 墨袋を取り外す。

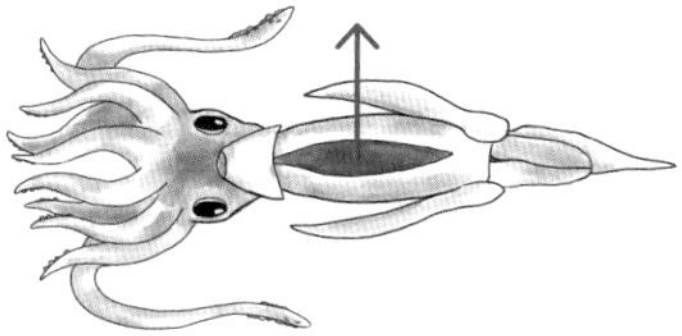

2 目の上に包丁を入れて、ワタとゲソを切り離す。次に両目を切り落とす。

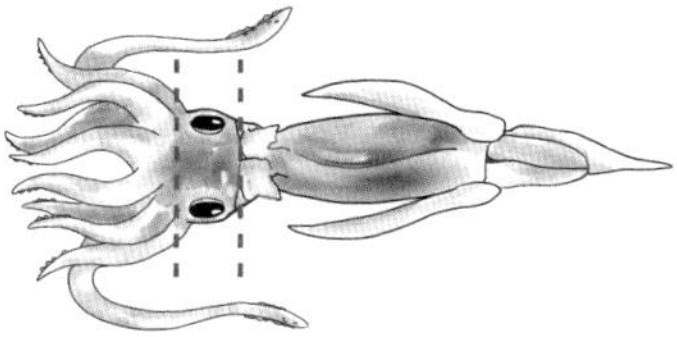

3 ゲソを開き、中央にあるクチバシを押し出すようにしてつまみ取る。触腕（長い 2 本の腕）を他の足にそろえて切る。

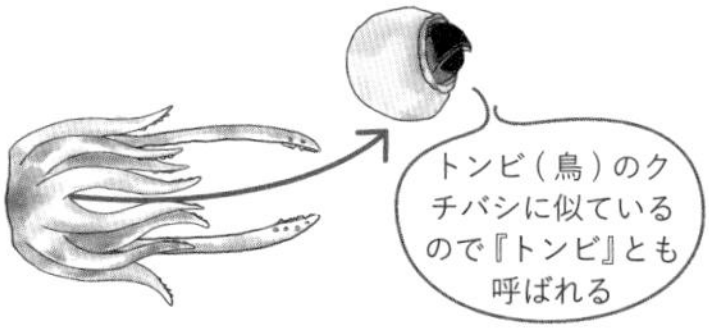

4 足を洗い、ペーパータオルで水気を拭き取る。硬い吸盤を包丁の背でしごき取り、2~3 本ずつ切り分ける。

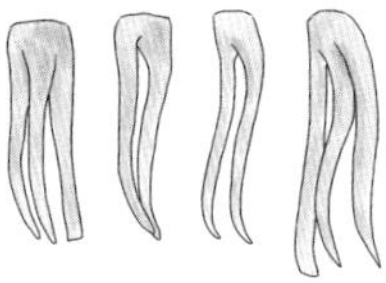

7 刺身にする時は繊維が横に入っているので縦に切る。

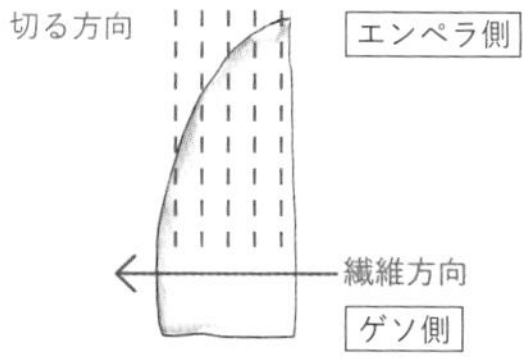

エンペラの処理

エンペラと皮を引き剥がし、軟骨を削ぎ落とす。エンペラにも薄皮があるので気になる場合はキッチンペーパーなどでこそぎ落とす。

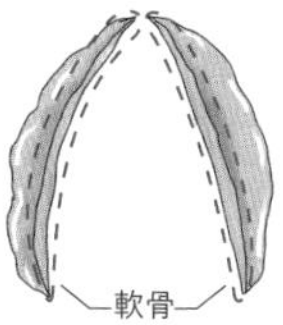

胴体以外の活用法

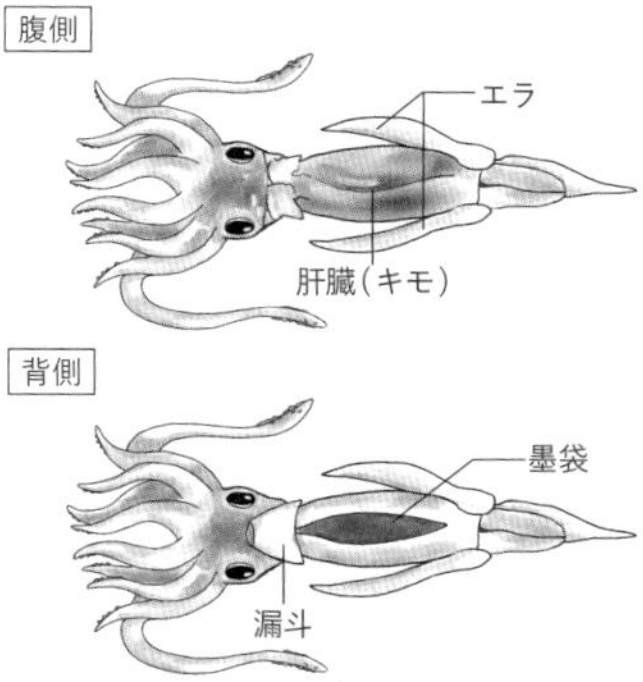

墨袋はイカスミパスタの材料に。キモ、漏斗、クチバシ、ゲソは炒めると美味！塩辛もオススメ。

〈ヒラメ〉のさばき方

1 ウロコを取り、両面から線のように切れ目を入れ、背骨の結束部分めがけて包丁を入れて頭を切り落とす。頭と内臓を一緒に取り、ぬめりや血合いなどを残さないよう洗い流す。

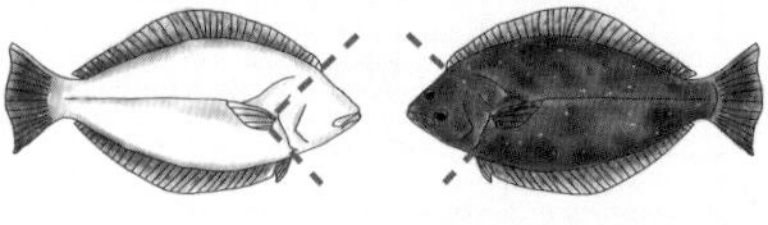

ヒラメのウロコは細かくてぬめりがあるので、ウロコ取りや包丁、金タワシで尾から頭に向かってゴシゴシと取る。両面しっかりとウロコを取るとキレイにさばける。

2 背びれ・腹びれの皮に切り込みを入れる。

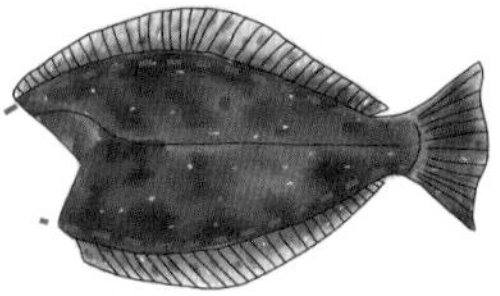

3 ヒラメの皮の中心に線があり、そこを背骨が通っている。線に沿って包丁を入れ、切れ目を入れる。

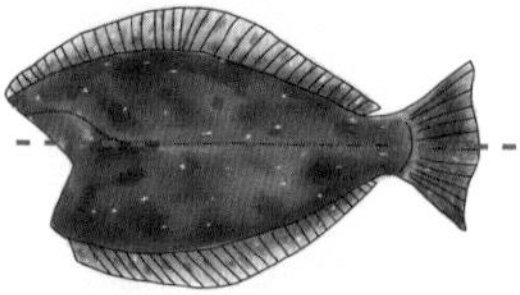

4 背骨から中骨に沿って背ビレと腹ビレに包丁を滑らせるように入れ、身をおろしていく。

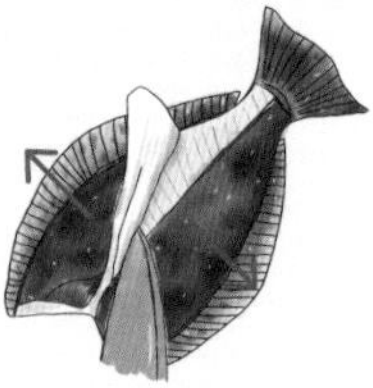

5 腹側も同じように皮の中心に線があるので、同様の方法でおろす。

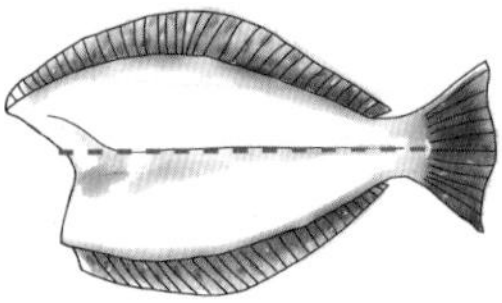

6 腹側の身には腹骨がついているので、腹骨をすく。また、小骨（上肋骨）が背骨の位置に縦方向に付いているので切り取る。

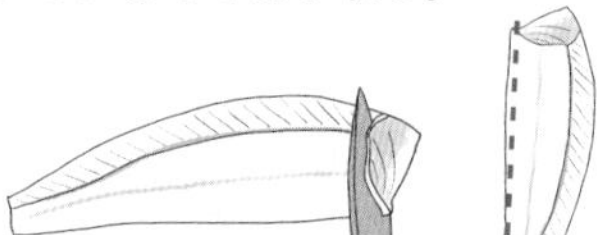

7 皮を引く場合は、エンガワを切り取る。身の皮側を下にしてまな板に置き、尾ビレ側から1cm程の所に皮ぎりぎりに切れ目を入れる。切れ目から包丁を入れ、包丁を寝かせて皮を引っ張りながら切り進め、皮と身を剥がしていく。

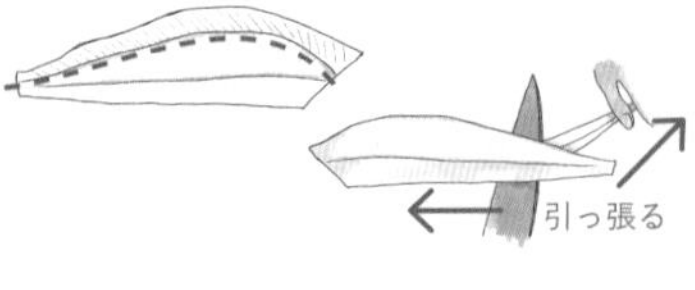

〈魚料理〉の豆知識

その1
〈大きめの魚はしばらく寝かせる〉

20cm 以下の魚は、その日のうちに食べる方が新鮮で美味。それ以上の大きさは歯ごたえがあるので、エラと内臓を取って2～3日冷蔵庫で熟成させると身がやわらかくなって、甘みが増す。特にハタ系は寝かせるほどおいしい!

その2
〈キッチンペーパーで包んで保存する〉

寝かせる時はキッチンペーパーで包み、ラップで覆って冷蔵庫に入れる。時間が経つと水分が出るので、1日ごとにキッチンペーパーを変えるのが理想。

その3
〈ウロコはビニール袋の中で取る〉

大きめのビニール袋に魚を入れ、その中でウロコ取りをすると後片付けが楽になる。ペットボトルのふたも飛び散りにくくて便利。

その4
〈身は塩水で洗う〉

三枚におろした後、ボールに塩分濃度3%の塩水を作り、氷を入れてよく冷やす。水の中で身の汚れやぬめりを落としたら、キッチンペーパーで水分をよく拭き取る。こうすると身が締まっておいしくなる。

その5
〈すぐに食べない時は
タレに漬けて保存する〉

魚をさばいた後、すぐに食べない場合は、味噌やしょうゆ、焼き肉のタレなどに漬けて保存しておくと、食べたい時に味付けの手間が省けて便利。

その6
〈刺身は炙れば皮付きで食べられる〉

魚の皮と身の間にはおいしい脂があるので、刺身にする時もできれば皮を残して食べたいもの。皮目を炙ることでパリパリとした歯ごたえになり、旨みも増す。ガスバーナーがあると、簡単に焼き目を付けられる。

その7
〈アラは捨てずに
白湯（パイタン）スープに〉

さばいた時に出たアラ（頭や骨、尾など）を活用すると、コラーゲンたっぷりのスープが作れる。コクのあるダシとして使えるので、パスタなどに入れるのもオススメ。

●作り方

①頭は半分に割る。アラに熱湯をかけた後に水洗いし、ぬめりやウロコ、血などの汚れをしっかりと流す

②アラを鍋に入れてひたひたの水を入れる

③酒を適量入れて、強火で 30 分煮込んだら、ザルでこして完成。塩を入れるとうまみがより引き立つ

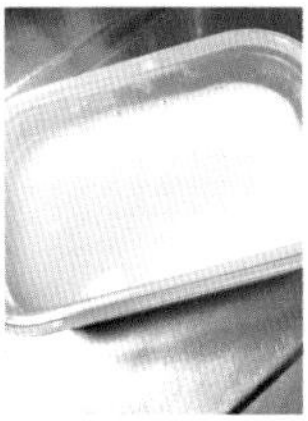

その8
〈料理器具は重曹で臭いを取る〉

内臓は放っておくと臭うので、ゴミ出しの日までビニール袋に入れて冷凍しておく。さばいた後は湯に溶かした重曹でまな板やシンクを拭いておけば、気になる臭いも残らない。

その9
〈手に残った臭みはステンレスで消える〉

蛇口やステンレス製の石鹸に手をこすりつけると、魚の臭みが取れる。これは臭いの原因であるアミン・イオウの化合物が結びついて、脱臭効果を発揮するため。ステンレス石鹸は 100 均でも買える。

魚カレンダー

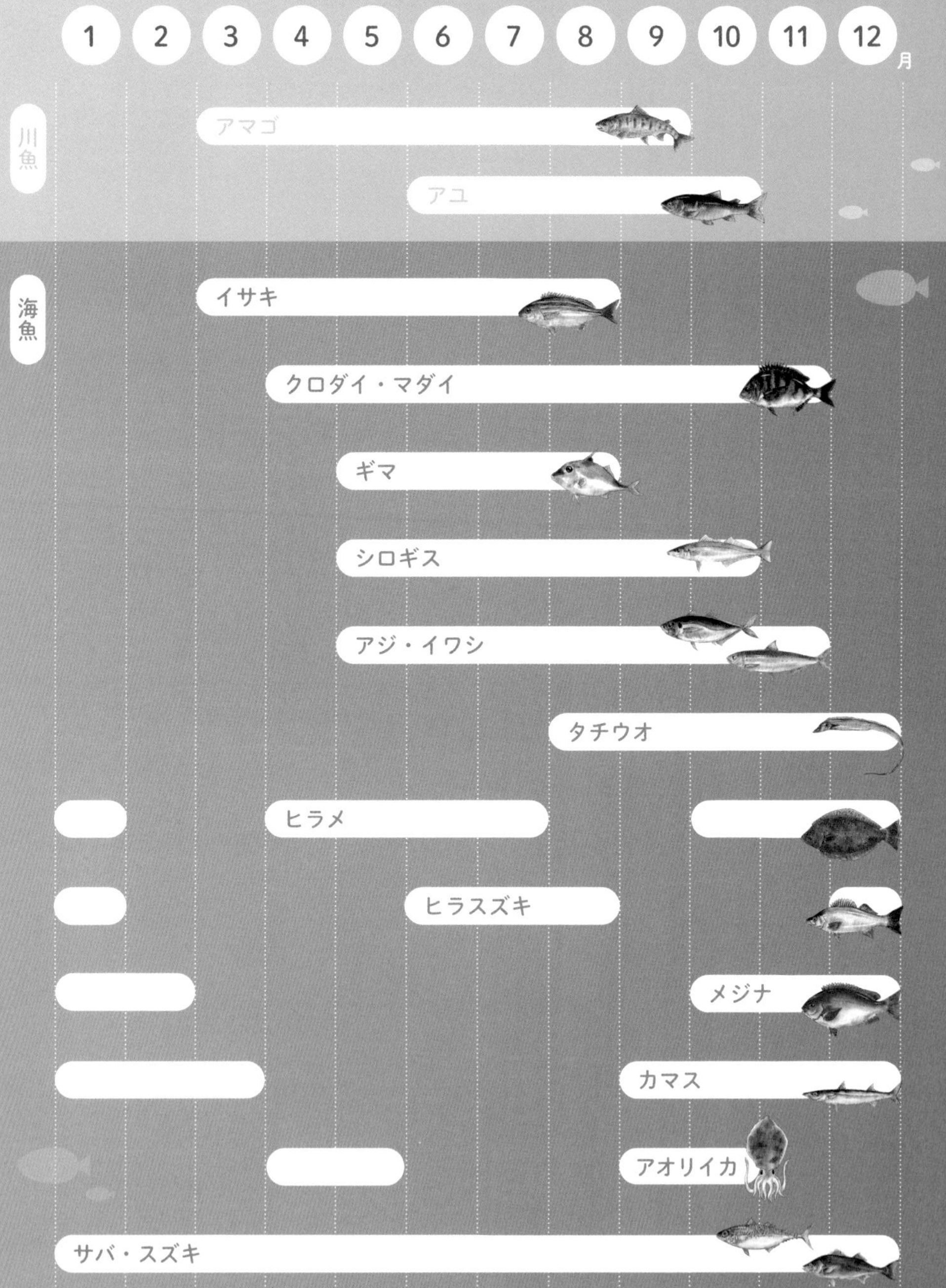

※釣れる時季は年によって変動します

あとがき

「釣りの魅力って何？」と聞かれたら、
私はいつも「冒険感！」と答えるようにしています。
知らない港町を訪ねたり、緑いっぱいの川を歩いたり、船で大海原に繰り出したり。
自然豊かなフィールドで釣り糸を垂らすひとときは、まさに非日常。
思わぬ大物が釣れることもあり、釣り場はいつもワクワク感にあふれています。
皆さんも釣りに出かけたら、ぜひその土地にある豊かな自然や、
そこに暮らす人たちに目を向けてみてください。
私自身、今回の取材を通じて、たくさんの方に出会いました。
初めてお会いする方もいましたが、すぐに仲良くなれたのは、
「釣り」という共通言語があったおかげです。
釣りを通じて人の輪が広がり、地域が元気になっていく。
そんなステキな未来が訪れるまで、私の冒険はまだまだ続いていくのだと思います。
本書が作れたのは、釣りを教えていただいた達人の皆様や、
手伝ってくれた仲間たち、応援してくれた方やスタッフの皆さんのおかげです。
本当にありがとうございました！

三浦愛

埼玉県川口市出身。日本大学大学院生物資源科学研究科修了（海洋生物・増殖環境学研究室）。卒業後は株式会社イシグロに入社し、静岡中吉田店で船釣り用品を担当。その後、イタリア・トスカーナに料理留学し、ルッカ・イタリア料理学院を経て、現地のレストランで前菜を担当する。帰国後、静岡県焼津市の初代地域おこし協力隊（観光担当）として3年の任期を満了。現在、CLARI MARE 代表。初心者向け船釣り教室講師、焼津市プロジェクトマネージャー、しずおかの海 PR 大使、イシグロサポートアングラー。SNS を通して静岡の釣りの魅力を日々、発信している。

X（旧 Twitter）：@ailovefish0511

Instagram：ai_miumiura

しずおか釣り旅のススメ

2023 年 5 月 27 日　初版発行

2023 年 8 月 21 日　第 2 刷発行

著者・イラスト	三浦愛
企画・編集	静岡新聞社出版部
写真	望月やすこ
装丁・デザイン	塚田雄太 横澤皐紀
発行者	大須賀紳晃
発行所	静岡新聞社 〒422-8033　静岡市駿河区登呂3-1-1 TEL 054-284-1666
印刷・製本	シナノパブリッシングプレス

ISBN978-4-7838-2639-2